ON

단숨에 켠다.

단기 특강

미적분

KB190411

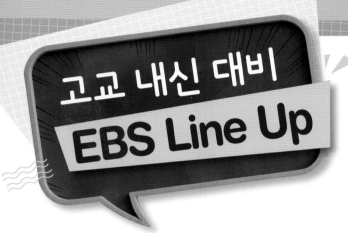

고교 내신 대비 EBS Line Up

고등학교 0학년 필수 교재
고등예비과정
국어, 영어, 수학, 한국사, 사회, 과학 6책

모든 교과서를 한 권으로,
교육과정 필수 내용을 빠르고 쉽게!

국어 · 영어 · 수학 내신 + 수능 기본서
올림포스
국어, 영어, 수학 16책

내신과 수능의 기초를 다지는 기본서
학교 수업과 보충 수업용 선택 No.1

국어 · 영어 · 수학 개념+기출 기본서
올림포스
전국연합학력평가
기출문제집
국어, 영어, 수학 10책

개념과 기출을 동시에 잡는 신개념 기본서
최신 학력평가 기출문제 완벽 분석

한국사 · 사회 · 과학 개념 학습 기본서
개념완성
한국사, 사회, 과학 19책

한 권으로 완성하는 한국사, 탐구영역의 개념
부가 자료와 수행평가 학습자료 제공

수준에 따라 선택하는 영어 특화 기본서
영어 POWER 시리즈
Grammar POWER 3책
Reading POWER 4책
Listening POWER 2책
Voca POWER 2책

원리로 익히는 국어 특화 기본서
국어 독해의 원리
현대시, 현대 소설, 고전 시가, 고전 산문,
독서 5책

국어 문법의 원리
수능 국어 문법, 수능 국어 문법 180제 2책

기초 수학 닥터링부터 고난도 문항까지
올림포스 닥터링
수학, 수학Ⅰ, 수학Ⅱ, 확률과 통계, 미적분 5책

올림포스 고난도
수학, 수학Ⅰ, 수학Ⅱ, 확률과 통계, 미적분 5책

최다 문항 수록 수학 특화 기본서
수학의 왕도
수학(상), 수학(하), 수학Ⅰ, 수학Ⅱ,
확률과 통계, 미적분 6책

개념의 시각화 + 세분화된 문항 수록
기초에서 고난도 문항까지 계단식 학습

단기간에 끝내는 내신
단기 특강
국어, 영어, 수학 8책

얇지만 확실하게, 빠르지만 강하게!
내신을 완성시키는 문항 연습

단숨에 켠다.

단기 특강

미적분

Structure

1

각 단원에서 핵심 내용을 중심으로 필요한 정의, 공식 등을 정리하고 핵심 내용의 보충, 심화, 참고 등의 부연 설명은 **Plus** 를 통해 추가 설명

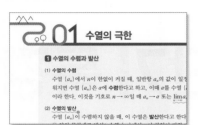

2

핵심 내용에서 학습한 원리, 법칙 등을 문항을 통해 이해할 수 있도록 출제하였으며 풀이에 첨삭을 추가하여 개념 확인에 도움이 될 수 있도록 구성

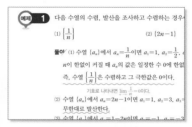

3

예제와 유사한 내용의 문항이나 일반화된 문항을 출제

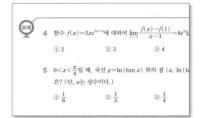

4

문제 해결 능력을 배양할 수 있도록 다양한 문항을 출제

5

대단원별로 개념을 다시 정리하여 복합적인 문항을 해결할 수 있도록 출제하고 별도 코너로 서술형 문항 을 실어 내신에 대비할 수 있도록 구성

6

대단원별로 기출문항을 변형한 모의평가 문항을 출제하여 연습할 수 있도록 구성하였으며 세트로 유사한 맛보기 문항을 출제하여 실전에 대비할 수 있도록 구성

Contents

EBS 단기 특강 미적분 **차례**

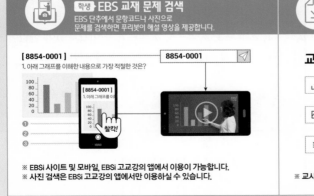

학생 EBS 교재 문제 검색

EBS 단추에서 문항코드나 사진으로
문제를 검색하면 푸리봇 해설 영상을 제공합니다.

[8854-0001]　　　　　　　　8854-0001

1. 아래 그래프를 이해한 내용으로 가장 적절한 것은?

[8854-0001]
1. 아래 그래프를 0

찰칵!

※ EBSi 사이트 및 모바일, EBSi 고교강의 앱에서 이용이 가능합니다.
※ 사진 검색은 EBSi 고교강의 앱에서만 이용하실 수 있습니다.

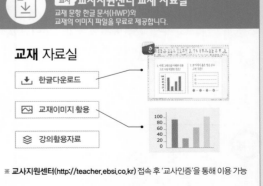

교사 교사지원센터 교재 자료실

교재 문항 한글 문서(HWP)와
교재의 이미지 파일을 무료로 제공합니다.

교재 자료실

↧ 한글다운로드

🖾 교재이미지 활용

🕿 강의활용자료

※ 교사지원센터(http://teacher.ebsi.co.kr) 접속 후 '교사인증'을 통해 이용 가능

01 수열의 극한

1 수열의 수렴과 발산

(1) 수열의 수렴

수열 $\{a_n\}$에서 n이 한없이 커질 때, 일반항 a_n의 값이 일정한 수 α에 한없이 가까워지면 수열 $\{a_n\}$은 α에 **수렴**한다고 하고, 이때 α를 수열 $\{a_n\}$의 극한값 또는 극한이라 한다. 이것을 기호로 $n \to \infty$일 때 $a_n \to \alpha$ 또는 $\lim\limits_{n \to \infty} a_n = \alpha$와 같이 나타낸다. ❶

(2) 수열의 발산 ❷

수열 $\{a_n\}$이 수렴하지 않을 때, 이 수열은 **발산**한다고 한다.

① 양의 무한대로 발산: 수열 $\{a_n\}$에서 n이 한없이 커질 때, 일반항 a_n의 값도 한없이 커지면 수열 $\{a_n\}$은 양의 무한대로 발산한다고 하고, 이것을 기호로 $n \to \infty$일 때 $a_n \to \infty$ 또는 $\lim\limits_{n \to \infty} a_n = \infty$와 같이 나타낸다.

② 음의 무한대로 발산: 수열 $\{a_n\}$에서 n이 한없이 커질 때, 일반항 a_n의 값이 음수이면서 그 절댓값이 한없이 커지면 수열 $\{a_n\}$은 음의 무한대로 발산한다고 하고, 이것을 기호로 $n \to \infty$일 때 $a_n \to -\infty$ 또는 $\lim\limits_{n \to \infty} a_n = -\infty$와 같이 나타낸다.

③ 진동(발산): 수열 $\{a_n\}$이 수렴하지도 않고 양의 무한대나 음의 무한대로 발산하지도 않으면 그 수열은 진동한다고 한다.

Plus

❶ $\lim\limits_{n \to \infty} a_n$에서
① $\lim$은 극한을 뜻하는 limit의 약자이며 '리미트'라고 읽는다.
② $n \to \infty$는 n이 한없이 커짐을 뜻한다.

참고 수열 $\{a_n\}$에서 모든 자연수 n에 대하여 $a_n = c$ (c는 상수)인 경우, 즉 $c, c, c, \cdots, c, \cdots$일 때 수열 $\{a_n\}$은 c에 수렴한다고 하고, $\lim\limits_{n \to \infty} a_n = \lim\limits_{n \to \infty} c = c$와 같이 나타낸다.

❷ 수열 $\{a_n\}$에서
① $a_n = 2n$이면 $\lim\limits_{n \to \infty} a_n = \lim\limits_{n \to \infty} 2n = \infty$
② $a_n = -n^2$이면 $\lim\limits_{n \to \infty} a_n = \lim\limits_{n \to \infty} (-n^2) = -\infty$
③ $a_n = (-1)^n$이면 수열 $\{a_n\}$은 진동한다.

예제 1 다음 수열의 수렴, 발산을 조사하고 수렴하는 경우에는 극한값을 구하시오.

(1) $\left\{\dfrac{1}{n}\right\}$　　　(2) $\{2n-1\}$　　　(3) $\{1-2n\}$

풀이 (1) 수열 $\{a_n\}$에서 $a_n = \dfrac{1}{n}$이면 $a_1 = 1$, $a_2 = \dfrac{1}{2}$, $a_3 = \dfrac{1}{3}$, $a_4 = \dfrac{1}{4}$, $\cdots$이므로 n이 한없이 커질 때 a_n의 값은 일정한 수 0에 한없이 가까워진다.

즉, 수열 $\left\{\dfrac{1}{n}\right\}$은 수렴하고 그 극한값은 0이다.

기호로 나타내면 $\lim\limits_{n \to \infty} \dfrac{1}{n} = 0$이다.

(2) 수열 $\{a_n\}$에서 $a_n = 2n-1$이면 $a_1 = 1$, $a_2 = 3$, $a_3 = 5$, $a_4 = 7$, $\cdots$이므로 n이 한없이 커질 때 수열 $\{a_n\}$은 양의 무한대로 발산한다.

기호로 나타내면 $\lim\limits_{n \to \infty}(2n-1) = \infty$이다.

(3) 수열 $\{a_n\}$에서 $a_n = 1-2n$이면 $a_1 = -1$, $a_2 = -3$, $a_3 = -5$, $a_4 = -7$, $\cdots$이므로 n이 한없이 커질 때 a_n의 값은 음수이면서 그 절댓값은 한없이 커지므로 수열 $\{a_n\}$은 음의 무한대로 발산한다.

기호로 나타내면 $\lim\limits_{n \to \infty}(1-2n) = -\infty$이다.

답 (1) 수렴, 0　(2) 발산　(3) 발산

 유제

◐ 8854-0001

1 다음 수열의 수렴, 발산을 조사하고 수렴하는 경우에는 극한값을 구하시오.

(1) $\{2\}$　　　　　　　　(2) $\{1+(-1)^n\}$

2 수열의 극한에 대한 기본 성질

두 수열 $\{a_n\}$, $\{b_n\}$이 수렴하고 $\lim\limits_{n\to\infty}a_n=\alpha$, $\lim\limits_{n\to\infty}b_n=\beta$ (α, β는 실수)일 때, ❶

① $\lim\limits_{n\to\infty}ca_n=c\lim\limits_{n\to\infty}a_n=c\alpha$ (단, c는 상수)

② $\lim\limits_{n\to\infty}(a_n+b_n)=\lim\limits_{n\to\infty}a_n+\lim\limits_{n\to\infty}b_n$
$=\alpha+\beta$

③ $\lim\limits_{n\to\infty}(a_n-b_n)=\lim\limits_{n\to\infty}a_n-\lim\limits_{n\to\infty}b_n$
$=\alpha-\beta$

④ $\lim\limits_{n\to\infty}a_nb_n=\lim\limits_{n\to\infty}a_n\times\lim\limits_{n\to\infty}b_n$
$=\alpha\beta$

⑤ $\lim\limits_{n\to\infty}\dfrac{a_n}{b_n}=\dfrac{\lim\limits_{n\to\infty}a_n}{\lim\limits_{n\to\infty}b_n}=\dfrac{\alpha}{\beta}$

(단, $b_n\neq0$, $\beta\neq0$)

예 두 수열 $\{a_n\}$, $\{b_n\}$이 수렴하고
$\lim\limits_{n\to\infty}a_n=2$, $\lim\limits_{n\to\infty}b_n=3$일 때,

① $\lim\limits_{n\to\infty}4a_n=4\lim\limits_{n\to\infty}a_n=4\times2=8$

② $\lim\limits_{n\to\infty}(a_n+b_n)=\lim\limits_{n\to\infty}a_n+\lim\limits_{n\to\infty}b_n$
$=2+3=5$

③ $\lim\limits_{n\to\infty}(a_n-b_n)=\lim\limits_{n\to\infty}a_n-\lim\limits_{n\to\infty}b_n$
$=2-3=-1$

④ $\lim\limits_{n\to\infty}a_nb_n=\lim\limits_{n\to\infty}a_n\times\lim\limits_{n\to\infty}b_n$
$=2\times3=6$

⑤ $\lim\limits_{n\to\infty}\dfrac{a_n}{b_n}=\dfrac{\lim\limits_{n\to\infty}a_n}{\lim\limits_{n\to\infty}b_n}=\dfrac{2}{3}$

Plus

❶ 두 수열 $\{a_n\}$, $\{b_n\}$ 중 어느 하나라도 수렴하지 않으면 수열의 극한에 대한 기본 성질이 성립하지 않을 수 있으므로 수열의 극한에 대한 기본 성질을 이용할 때는 주어진 두 수열이 수렴하는지를 반드시 확인해야 한다.
예를 들어
$a_n=n$, $b_n=-n$이면
$\lim\limits_{n\to\infty}(a_n+b_n)=0$
이지만 두 수열은 발산하므로
$\lim\limits_{n\to\infty}(a_n+b_n)$
$\neq\lim\limits_{n\to\infty}a_n+\lim\limits_{n\to\infty}b_n$

---

 2 두 수열 $\{a_n\}$, $\{b_n\}$에 대하여 $\lim\limits_{n\to\infty}a_n=2$, $\lim\limits_{n\to\infty}b_n=\dfrac{1}{3}$일 때, $\lim\limits_{n\to\infty}(4a_n+3b_n)$의 값은?

① 6 ② 7 ③ 8 ④ 9 ⑤ 10

풀이 $\lim\limits_{n\to\infty}a_n=2$에서 $\lim\limits_{n\to\infty}4a_n=4\lim\limits_{n\to\infty}a_n=4\times2=8$

n이 한없이 커질 때 a_n의 값은 일정한 수 2에 한없이 가까워진다.
즉, 수열 $\{a_n\}$은 2에 수렴하므로 수열의 극한에 대한 기본 성질을 이용할 수 있다.

즉, 수열 $\{4a_n\}$은 8에 수렴한다.

$\lim\limits_{n\to\infty}b_n=\dfrac{1}{3}$에서 $\lim\limits_{n\to\infty}3b_n=3\lim\limits_{n\to\infty}b_n=3\times\dfrac{1}{3}=1$

n이 한없이 커질 때 b_n의 값은 일정한 수 $\dfrac{1}{3}$에 한없이 가까워진다.

즉, 수열 $\{b_n\}$은 $\dfrac{1}{3}$에 수렴하므로 수열의 극한에 대한 기본 성질을 이용할 수 있다.

즉, 수열 $\{3b_n\}$은 1에 수렴한다.

따라서 수열의 극한에 대한 기본 성질에 의하여

$\lim\limits_{n\to\infty}(4a_n+3b_n)=\lim\limits_{n\to\infty}4a_n+\lim\limits_{n\to\infty}3b_n=8+1=9$

n이 한없이 커질 때 수열 $\{4a_n\}$과 $\{3b_n\}$이 각각 수렴하므로

답 ④

○ 8854-0002

 2 두 수열 $\{a_n\}$, $\{b_n\}$에 대하여 $\lim\limits_{n\to\infty}a_n=-\dfrac{1}{2}$, $\lim\limits_{n\to\infty}b_n=4$일 때, $\lim\limits_{n\to\infty}(4a_n+5b_n)$의 값을 구하시오.

○ 8854-0003

3 두 수열 $\{a_n\}$, $\{b_n\}$에 대하여 $\lim\limits_{n\to\infty}a_n=2$, $\lim\limits_{n\to\infty}(2a_n-3b_n)=-20$일 때, $\lim\limits_{n\to\infty}b_n$의 값을 구하시오.

❸ 수열의 극한값의 계산(1)

$\dfrac{\infty}{\infty}$ 꼴의 극한

차수가 1 이상인 두 다항식 $f(n)$, $g(n)$에 대하여 수열 $\left\{\dfrac{f(n)}{g(n)}\right\}$ $(g(n)\neq0)$의 극한은

① $(f(n)$의 차수$)>(g(n)$의 차수$)$일 때, $\displaystyle\lim_{n\to\infty}\dfrac{f(n)}{g(n)}=\infty$ 또는 $\displaystyle\lim_{n\to\infty}\dfrac{f(n)}{g(n)}=-\infty$

예 $\displaystyle\lim_{n\to\infty}\dfrac{2n^2-1}{n+3}=\lim_{n\to\infty}\dfrac{2n-\dfrac{1}{n}}{1+\dfrac{3}{n}}=\infty$

$\displaystyle\lim_{n\to\infty}\dfrac{-n^2+3n}{2n+1}=\lim_{n\to\infty}\dfrac{-n+3}{2+\dfrac{1}{n}}=-\infty$

② $(f(n)$의 차수$)=(g(n)$의 차수$)$일 때, $\displaystyle\lim_{n\to\infty}\dfrac{f(n)}{g(n)}=\dfrac{(f(n)\text{의 최고차항의 계수})}{(g(n)\text{의 최고차항의 계수})}$

예 $\displaystyle\lim_{n\to\infty}\dfrac{2n^2+1}{3n^2+2}=\lim_{n\to\infty}\dfrac{2+\dfrac{1}{n^2}}{3+\dfrac{2}{n^2}}=\dfrac{2+0}{3+0}=\dfrac{2}{3}$

③ $(f(n)$의 차수$)<(g(n)$의 차수$)$일 때, $\displaystyle\lim_{n\to\infty}\dfrac{f(n)}{g(n)}=0$

예 $\displaystyle\lim_{n\to\infty}\dfrac{2n-1}{n^2+1}=\lim_{n\to\infty}\dfrac{\dfrac{2}{n}-\dfrac{1}{n^2}}{1+\dfrac{1}{n^2}}=\dfrac{0}{1}=0$

Plus

❶ 분모와 분자가 각각 양의 무한대 또는 음의 무한대로 발산하는 유리식으로 주어진 수열의 극한은 분모의 최고차항으로 분모, 분자를 나누어 그 극한값을 구한다.

참고 ∞는 수가 아니므로 $\infty-\infty\neq0$임에 유의한다.

참고 $\displaystyle\lim_{n\to\infty}\dfrac{1}{n}=0$

$\displaystyle\lim_{n\to\infty}\dfrac{1}{n^2}=0$

예제 **3** $\displaystyle\lim_{n\to\infty}\dfrac{(3n+1)(n-2)-n^2}{(n-1)(n+1)}$의 값을 구하시오.

풀이 $\displaystyle\lim_{n\to\infty}\dfrac{(3n+1)(n-2)-n^2}{(n-1)(n+1)}=\lim_{n\to\infty}\dfrac{2n^2-5n-2}{n^2-1}=\lim_{n\to\infty}\dfrac{2-\dfrac{5}{n}-\dfrac{2}{n^2}}{1-\dfrac{1}{n^2}}=\dfrac{2-0-0}{1-0}=2$

$\dfrac{\infty}{\infty}$ 꼴의 극한은 분모의 최고차항으로 분모, 분자를 각각 나누어 계산한다.

답 2

유제

4 $\displaystyle\lim_{n\to\infty}\left(\dfrac{n^2+1}{2n-1}-\dfrac{2n^3-1}{4n^2+1}\right)$의 값을 구하시오.

 8854-0004

5 $\displaystyle\lim_{n\to\infty}\dfrac{(3n+1)(an-1)}{n^2+1}=6$을 만족시키는 상수 a의 값을 구하시오.

8854-0005

4 수열의 극한값의 계산(2)

∞ − ∞ 꼴의 극한 ❶

① ∞ − ∞ 꼴의 **다항식**은 최고차항으로 묶어 극한을 조사한다.

예 $\displaystyle\lim_{n\to\infty}(n^2-3n+2)=\lim_{n\to\infty}n^2\left(1-\dfrac{3}{n}+\dfrac{2}{n^2}\right)=\infty$

② ∞ − ∞ 꼴의 **무리식**은 분모를 1로 생각하고 분자를 유리화하여 식을 변형한 후 극한값을 구한다.

예 $\displaystyle\lim_{n\to\infty}(\sqrt{n^2+n}-\sqrt{n^2-n})=\lim_{n\to\infty}\dfrac{(\sqrt{n^2+n}-\sqrt{n^2-n})(\sqrt{n^2+n}+\sqrt{n^2-n})}{\sqrt{n^2+n}+\sqrt{n^2-n}}$

$\displaystyle=\lim_{n\to\infty}\dfrac{(n^2+n)-(n^2-n)}{\sqrt{n^2+n}+\sqrt{n^2-n}}=\lim_{n\to\infty}\dfrac{2n}{\sqrt{n^2+n}+\sqrt{n^2-n}}$

$\displaystyle=\lim_{n\to\infty}\dfrac{2}{\sqrt{1+\dfrac{1}{n}}+\sqrt{1-\dfrac{1}{n}}}=\dfrac{2}{1+1}=1$

Plus

❶ 양의 무한대 또는 음의 무한대로 발산하는 두 식의 차로 주어진 수열의 극한은 최고차항으로 묶거나 분자를 유리화하여 그 극한값을 구한다.

참고

$\sqrt{A}-\sqrt{B}=\dfrac{A-B}{\sqrt{A}+\sqrt{B}}$

$\dfrac{1}{\sqrt{A}-\sqrt{B}}=\dfrac{\sqrt{A}+\sqrt{B}}{A-B}$

 4 $\displaystyle\lim_{n\to\infty}n(\sqrt{n^2+1}-\sqrt{n^2-1})$의 값을 구하시오.

풀이 $\displaystyle\lim_{n\to\infty}n(\sqrt{n^2+1}-\sqrt{n^2-1})=\lim_{n\to\infty}\dfrac{n(\sqrt{n^2+1}-\sqrt{n^2-1})(\sqrt{n^2+1}+\sqrt{n^2-1})}{\sqrt{n^2+1}+\sqrt{n^2-1}}$

∞ − ∞ 꼴의 무리식은 분모를 1로 생각하고 분자를 유리화한다.

$\displaystyle=\lim_{n\to\infty}\dfrac{2n}{\sqrt{n^2+1}+\sqrt{n^2-1}}=\lim_{n\to\infty}\dfrac{2}{\sqrt{1+\dfrac{1}{n^2}}+\sqrt{1-\dfrac{1}{n^2}}}$

$\dfrac{\infty}{\infty}$ 꼴의 극한은 분모의 최고차항으로 분모, 분자를 각각 나누어 계산한다.

$\displaystyle=\dfrac{2}{1+1}=1$

답 1

○ 8854-0006

 6 $\displaystyle\lim_{n\to\infty}(\sqrt{9n^2+n}-an)=\dfrac{1}{6}$을 만족시키는 양수 a의 값은?

① $\dfrac{1}{3}$ 　　② $\dfrac{1}{2}$ 　　③ 1 　　④ 2 　　⑤ 3

○ 8854-0007

7 $\displaystyle\lim_{n\to\infty}\dfrac{a}{\sqrt{n^2+3n}-n}=2$를 만족시키는 상수 a의 값은?

① 2 　　② $\dfrac{5}{2}$ 　　③ 3 　　④ $\dfrac{7}{2}$ 　　⑤ 4

⑤ 수열의 극한의 대소 관계

세 수열 $\{a_n\}$, $\{b_n\}$, $\{c_n\}$에 대하여 $\lim\limits_{n \to \infty} a_n = \alpha$, $\lim\limits_{n \to \infty} b_n = \beta$ (α, β는 실수)일 때,

① 모든 자연수 n에 대하여 $a_n \le b_n$이면 $\alpha \le \beta$이다. ❶

② 모든 자연수 n에 대하여 $a_n \le c_n \le b_n$이고 $\alpha = \beta$이면 $\lim\limits_{n \to \infty} c_n = \alpha$이다.

예 수열 $\{a_n\}$이 모든 자연수 n에 대하여 $-\dfrac{1}{n} \le a_n \le \dfrac{1}{n}$을 만족시키면

$\lim\limits_{n \to \infty}\left(-\dfrac{1}{n}\right) = 0$, $\lim\limits_{n \to \infty}\dfrac{1}{n} = 0$이므로 $\lim\limits_{n \to \infty} a_n = 0$이다.

Plus

❶ 모든 자연수 n에 대하여 $a_n < b_n$일 때에도 $\lim\limits_{n \to \infty} a_n = \lim\limits_{n \to \infty} b_n$인 경우가 있다.
예를 들어
$a_n = \dfrac{1}{n}$, $b_n = \dfrac{2}{n}$이면 모든 자연수 n에 대하여 $a_n < b_n$이지만,
$\lim\limits_{n \to \infty} a_n = \lim\limits_{n \to \infty} b_n = 0$

예제 5 수열 $\{a_n\}$이 모든 자연수 n에 대하여 $\dfrac{3n+1}{2n+1} \le a_n \le \dfrac{3n+1}{2n-1}$을 만족시킬 때, $\lim\limits_{n \to \infty} a_n$의 값은?

① 2   ② $\dfrac{3}{2}$ ③ $\dfrac{4}{3}$ ④ $\dfrac{5}{4}$ ⑤ $\dfrac{6}{5}$

풀이 모든 자연수 n에 대하여 $\dfrac{3n+1}{2n+1} \le a_n \le \dfrac{3n+1}{2n-1}$이므로

$$\lim_{n \to \infty}\frac{3n+1}{2n+1} = \lim_{n \to \infty}\frac{3+\dfrac{1}{n}}{2+\dfrac{1}{n}} = \frac{3+0}{2+0} = \frac{3}{2}$$

$\dfrac{\infty}{\infty}$ 꼴의 극한은 분모의 최고차항으로 분모, 분자를 각각 나누어 계산한다.

$$\lim_{n \to \infty}\frac{3n+1}{2n-1} = \lim_{n \to \infty}\frac{3+\dfrac{1}{n}}{2-\dfrac{1}{n}} = \frac{3+0}{2-0} = \frac{3}{2}$$

따라서 수열의 극한의 대소 관계에 의하여 $\lim\limits_{n \to \infty} a_n = \dfrac{3}{2}$

세 수열 $\{a_n\}$, $\{b_n\}$, $\{c_n\}$에 대하여 $\lim\limits_{n \to \infty} a_n = \alpha$, $\lim\limits_{n \to \infty} b_n = \beta$ (α, β는 실수)일 때,
모든 자연수 n에 대하여 $a_n \le c_n \le b_n$이고 $\alpha = \beta$이면 $\lim\limits_{n \to \infty} c_n = \alpha$이다.

답 ②

유제

○ 8854-0008

8 수열 $\{a_n\}$이 모든 자연수 n에 대하여 $3n^2 - 2n < a_n < 3n^2 + 2n + 1$을 만족시킬 때, $\lim\limits_{n \to \infty}\dfrac{a_n}{n^2}$의 값은?

① $\dfrac{1}{3}$ ② $\dfrac{1}{2}$ ③ 1   ④ 2   ⑤ 3

○ 8854-0009

9 수열 $\{a_n\}$이 모든 자연수 n에 대하여 $3n - 2 < a_n < 3n + 4$를 만족시킬 때, $\lim\limits_{n \to \infty}\dfrac{a_{2n+1}}{n}$의 값은?

① $\dfrac{9}{2}$ ② 5   ③ $\dfrac{11}{2}$ ④ 6   ⑤ $\dfrac{13}{2}$

6 등비수열의 극한

등비수열 $\{r^n\}$의 수렴과 발산은 공비 r의 값에 따라 다음과 같다.

(i) $r>1$일 때, $\lim\limits_{n\to\infty}r^n=\infty$ (발산)

(ii) $r=1$일 때, $\lim\limits_{n\to\infty}r^n=1$ (**수렴**)

(iii) $-1<r<1$일 때, $\lim\limits_{n\to\infty}r^n=0$ (**수렴**)

(iv) $r\leq-1$일 때, 수열 $\{r^n\}$은 진동한다. (발산)

예 ① 등비수열 $\{2^n\}$은 공비가 2이고 $2>1$이므로 $\lim\limits_{n\to\infty}2^n=\infty$ (발산)

② 등비수열 $\left\{\left(\dfrac{1}{3}\right)^n\right\}$은 공비가 $\dfrac{1}{3}$이고 $-1<\dfrac{1}{3}<1$이므로 $\lim\limits_{n\to\infty}\left(\dfrac{1}{3}\right)^n=0$ (수렴)

③ 등비수열 $\left\{\left(-\dfrac{1}{3}\right)^n\right\}$은 공비가 $-\dfrac{1}{3}$이고 $-1<-\dfrac{1}{3}<1$이므로 $\lim\limits_{n\to\infty}\left(-\dfrac{1}{3}\right)^n=0$ (수렴)

④ 등비수열 $\{(-2)^n\}$은 공비가 -2이고 $-2<-1$이므로 수열 $\{(-2)^n\}$은 진동한다. (발산)

 6 $\lim\limits_{n\to\infty}\dfrac{2^{2n}}{3^{n-1}+4^{n+1}}$의 값은?

① $\dfrac{1}{5}$　　　② $\dfrac{1}{4}$　　　③ $\dfrac{1}{3}$　　　④ $\dfrac{1}{2}$　　　⑤ 1

풀이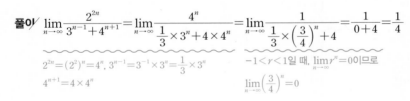

$$\lim_{n\to\infty}\frac{2^{2n}}{3^{n-1}+4^{n+1}}=\lim_{n\to\infty}\frac{4^n}{\frac{1}{3}\times3^n+4\times4^n}=\lim_{n\to\infty}\frac{1}{\frac{1}{3}\times\left(\frac{3}{4}\right)^n+4}=\frac{1}{0+4}=\frac{1}{4}$$

$2^{2n}=(2^2)^n=4^n$, $3^{n-1}=3^{-1}\times3^n=\dfrac{1}{3}\times3^n$　　$-1<r<1$일 때, $\lim\limits_{n\to\infty}r^n=0$이므로

$4^{n+1}=4\times4^n$　　$\lim\limits_{n\to\infty}\left(\dfrac{3}{4}\right)^n=0$

답 ②

🔵 8854-0010

10 $\lim\limits_{n\to\infty}\dfrac{2^{n+1}(3^n-1)}{6^{n-1}+3^n}$의 값은?

① 12　　　② 14　　　③ 16　　　④ 18　　　⑤ 20

🔵 8854-0011

11 수열 $\left\{\dfrac{(2x+1)^n}{2^{n-1}+3^n}\right\}$이 수렴하도록 하는 모든 정수 x의 값의 합은?

① -2　　　② -1　　　③ 0　　　④ 1　　　⑤ 2

7 r^n을 포함하는 식의 극한

r^n을 포함하는 수열의 극한은 r의 값의 범위에 따라 수렴, 발산이 결정되므로 다음과 같이 r의 값의 범위를 나누어 그 극한값을 구한다.

(i) $|r| < 1$일 때, $\lim\limits_{n \to \infty} r^n = 0$임을 이용한다.

(ii) $r = 1$일 때, $r = 1$을 대입하여 $\lim\limits_{n \to \infty} 1^n = 1$임을 이용한다.

(iii) $r = -1$일 때, $r = -1$을 대입하여 $\lim\limits_{n \to \infty} (-1)^{2n} = 1$, $\lim\limits_{n \to \infty} (-1)^{2n-1} = -1$임을 이용 한다. ──❶

(iv) $|r| > 1$일 때, 분모, 분자를 각각 r^n으로 나누고, $\lim\limits_{n \to \infty} \dfrac{1}{r^n} = 0$임을 이용한다. ──❷

Plus

❶ n이 자연수일 때, $2n$은 짝수, $2n-1$은 홀수이므로
$(-1)^{2n} = 1$
$(-1)^{2n-1} = -1$

❷ $|r| > 1$이면 $\left| \dfrac{1}{r} \right| < 1$이므로
$\lim\limits_{n \to \infty} \dfrac{1}{r^n} = \lim\limits_{n \to \infty} \left(\dfrac{1}{r} \right)^n = 0$

 7 수열 $\left\{ \dfrac{r^n}{1 + r^n} \right\}$의 극한을 조사하시오. (단, $r \neq -1$)

풀이 $-1 < r < 1$, $r = 1$, $r < -1$ 또는 $r > 1$의 세 경우로 나누어 수열 $\left\{ \dfrac{r^n}{1 + r^n} \right\}$의 극한을 조사하면 다음과 같다.

$|r| < 1$, $r = 1$, $|r| > 1$로 나누는 경우와 같다.

(i) $-1 < r < 1$ ($|r| < 1$)일 때, $\lim\limits_{n \to \infty} r^n = 0$이므로

$\lim\limits_{n \to \infty} \dfrac{r^n}{1 + r^n} = \dfrac{0}{1 + 0} = 0$ (수렴)

(ii) $r = 1$일 때, $\lim\limits_{n \to \infty} r^n = \lim\limits_{n \to \infty} 1^n = \lim\limits_{n \to \infty} 1 = 1$이므로

$\lim\limits_{n \to \infty} \dfrac{r^n}{1 + r^n} = \dfrac{1}{1 + 1} = \dfrac{1}{2}$ (수렴)

(ii) $r < -1$ 또는 $r > 1$ ($|r| > 1$)일 때

$\lim\limits_{n \to \infty} \left(\dfrac{1}{r} \right)^n = 0$이므로 $\dfrac{r^n}{1 + r^n}$의 분모, 분자를 각각 r^n으로 나누면

$\lim\limits_{n \to \infty} \dfrac{r^n}{1 + r^n} = \lim\limits_{n \to \infty} \dfrac{1}{\left(\dfrac{1}{r} \right)^n + 1} = \dfrac{1}{0 + 1} = 1$ (수렴)

📖 $-1 < r < 1$일 때 0에 수렴, $r = 1$일 때 $\dfrac{1}{2}$에 수렴, $r < -1$ 또는 $r > 1$일 때 1에 수렴

○ 8854-0012

12 수열 $\left\{ \dfrac{r^{n+1} + 1}{r^n + 1} \right\}$의 극한을 조사하시오. (단, $r > 0$)

○ 8854-0013

13 $\lim\limits_{n \to \infty} \dfrac{r^{2n} - 1}{r^{2n} + 1}$의 값을 구하시오.

| 수열의 극한에 대한 기본 성질 |

1 수열 $\{a_n\}$에 대하여 $\lim\limits_{n\to\infty}\dfrac{a_n+2}{3a_n+4}=5$일 때, $\lim\limits_{n\to\infty}a_n$의 값은?

⊙ 8854-0014

① $-\dfrac{10}{7}$ ② $-\dfrac{9}{7}$ ③ $-\dfrac{8}{7}$ ④ -1 ⑤ $-\dfrac{6}{7}$

| 수열의 극한값의 계산 |

2 $\lim\limits_{n\to\infty}\dfrac{1^2+2^2+3^2+\cdots+n^2}{n^3+2n+3}$의 값은?

⊙ 8854-0015

① $\dfrac{1}{5}$ ② $\dfrac{1}{4}$ ③ $\dfrac{1}{3}$ ④ $\dfrac{1}{2}$ ⑤ 1

| 수열의 극한값의 계산 |

3 $\lim\limits_{n\to\infty}\dfrac{an+b}{\sqrt{n^2+n}-n}=5$일 때, 두 상수 a, b에 대하여 $a+b$의 값은?

⊙ 8854-0016

① 1 ② $\dfrac{3}{2}$ ③ 2 ④ $\dfrac{5}{2}$ ⑤ 3

| 수열의 극한의 대소 관계 |

4 수열 $\{a_n\}$이 모든 자연수 n에 대하여 $\left|a_n-\dfrac{1}{3}n\right|\le 2$를 만족시킬 때, $\lim\limits_{n\to\infty}\dfrac{a_{2n}}{2n}$의 값은?

⊙ 8854-0017

① $\dfrac{1}{3}$ ② $\dfrac{1}{2}$ ③ 1 ④ 2 ⑤ 3

| 등비수열의 극한 |

5 공비가 2인 등비수열 $\{a_n\}$의 첫째항부터 제n항까지의 합을 S_n이라 할 때, $\lim\limits_{n\to\infty}\dfrac{a_n}{S_n}$의 값은?

⊙ 8854-0018

(단, $a_1\ne 0$)

① $\dfrac{1}{10}$ ② $\dfrac{1}{8}$ ③ $\dfrac{1}{6}$ ④ $\dfrac{1}{4}$ ⑤ $\dfrac{1}{2}$

| r^n을 포함하는 식의 극한 |

6 $\lim\limits_{n\to\infty}\dfrac{3r^{n+1}+1}{r^n-2}=5$를 만족시키는 실수 r의 값은? (단, $r>0$)

⊙ 8854-0019

① $\dfrac{4}{3}$ ② $\dfrac{5}{3}$ ③ 2 ④ $\dfrac{7}{3}$ ⑤ $\dfrac{8}{3}$

02 급수

1 급수의 수렴, 발산

(1) 급수의 뜻

수열 $\{a_n\}$의 각 항을 차례로 덧셈 기호 $+$를 사용하여 연결한 식

$a_1+a_2+a_3+\cdots+a_n+\cdots$을 **급수**라 하고, 이를 기호 $\sum$를 사용하여 $\sum\limits_{n=1}^{\infty} a_n$과 같이

나타낸다. 즉, $a_1+a_2+a_3+\cdots+a_n+\cdots=\sum\limits_{n=1}^{\infty} a_n$ ①

(2) 부분합

급수 $\sum\limits_{n=1}^{\infty} a_n$에서 첫째항부터 제$n$항까지의 합

$$S_n=a_1+a_2+a_3+\cdots+a_n=\sum_{k=1}^{n} a_k$$

를 이 급수의 제n항까지의 **부분합**이라고 한다.

(3) 급수의 수렴, 발산

급수 $\sum\limits_{n=1}^{\infty} a_n$의 부분합으로 이루어진 수열 $\{S_n\}$이 일정한 값 S에 수렴할 때,

급수 $\sum\limits_{n=1}^{\infty} a_n$은 S에 **수렴**한다고 하고, S를 이 **급수의 합**이라고 한다. 즉,

$$\sum_{n=1}^{\infty} a_n=\lim_{n\to\infty} S_n=\lim_{n\to\infty}\sum_{k=1}^{n} a_k=S$$ ③

한편 급수 $\sum\limits_{n=1}^{\infty} a_n$의 부분합으로 이루어진 수열 $\{S_n\}$이 발산할 때, 급수 $\sum\limits_{n=1}^{\infty} a_n$은

발산한다고 한다.

Plus

① $1+3+5+\cdots$
$\qquad +(2n-1)+\cdots$
$=\sum\limits_{n=1}^{\infty}(2n-1)$
$1+\dfrac{1}{2}+\dfrac{1}{3}+\cdots$
$\qquad +\dfrac{1}{n}+\cdots$
$=\sum\limits_{n=1}^{\infty}\dfrac{1}{n}$

② 수열 $\{S_n\}$에서
$S_1=a_1$
$S_2=a_1+a_2$
$S_3=a_1+a_2+a_3$
$\vdots$
$S_n=a_1+a_2+a_3+\cdots$
$\qquad\qquad\qquad +a_n$

③ 수열 $\{a_n\}$의 수렴과 발산을 판단하기 위해서는 $\lim\limits_{n\to\infty} a_n$을 조사하고, 급수의 수렴과 발산을 판단하기 위해서는 $\lim\limits_{n\to\infty} S_n$을 조사한다.

예제 1 급수 $\sum\limits_{n=1}^{\infty} \dfrac{1}{n(n+1)}$의 합을 구하시오.

풀이 주어진 급수 $\sum\limits_{n=1}^{\infty}\dfrac{1}{n(n+1)}$의 제$n$항까지의 부분합을 S_n이라 하면

$$S_n=\sum_{k=1}^{n}\frac{1}{k(k+1)}=\sum_{k=1}^{n}\left(\frac{1}{k}-\frac{1}{k+1}\right)$$

$\underline{\dfrac{1}{AB}=\dfrac{1}{B-A}\left(\dfrac{1}{A}-\dfrac{1}{B}\right)}$ (단, $AB\neq0,\ B-A\neq0$)

$$=\left(1-\frac{1}{2}\right)+\left(\frac{1}{2}-\frac{1}{3}\right)+\left(\frac{1}{3}-\frac{1}{4}\right)+\cdots+\left(\frac{1}{n-1}-\frac{1}{n}\right)+\left(\frac{1}{n}-\frac{1}{n+1}\right)=1-\frac{1}{n+1}$$

이고 $\lim\limits_{n\to\infty} S_n=\lim\limits_{n\to\infty}\left(1-\dfrac{1}{n+1}\right)=1$

따라서 수열 $\{S_n\}$이 수렴하므로 주어진 급수는 수렴하고 그 합은 1이다. 즉, $\sum\limits_{n=1}^{\infty}\dfrac{1}{n(n+1)}=1$

답 1

유제

○ 8854-0020

1 수열 $\{a_n\}$의 첫째항부터 제n항까지의 합 S_n이 $S_n=\dfrac{n+1}{3n-2}$일 때, 급수 $\sum\limits_{n=1}^{\infty} a_n$의 합을 구하시오.

2 급수와 수열의 극한 사이의 관계

(1) 급수 $\sum\limits_{n=1}^{\infty} a_n$이 수렴하면 $\lim\limits_{n \to \infty} a_n = 0$이다. ①

설명 급수 $\sum\limits_{n=1}^{\infty} a_n$이 S에 수렴할 때, 이 급수의 제n항까지의 부분합을 S_n이라 하면

$$\lim_{n \to \infty} S_n = S, \quad \lim_{n \to \infty} S_{n-1} = S$$

이때 $a_n = S_n - S_{n-1} \, (n \geq 2)$이므로

$$\lim_{n \to \infty} a_n = \lim_{n \to \infty} (S_n - S_{n-1}) = \lim_{n \to \infty} S_n - \lim_{n \to \infty} S_{n-1} = S - S = 0$$

따라서 급수 $\sum\limits_{n=1}^{\infty} a_n$이 수렴하면 $\lim\limits_{n \to \infty} a_n = 0$이다.

예 급수 $\sum\limits_{n=1}^{\infty} (a_n - 2)$가 수렴하면 $\lim\limits_{n \to \infty} (a_n - 2) = 0$이므로

$$\lim_{n \to \infty} a_n = \lim_{n \to \infty} \{(a_n - 2) + 2\} = \lim_{n \to \infty} (a_n - 2) + \lim_{n \to \infty} 2 = 0 + 2 = 2$$

(2) $\lim\limits_{n \to \infty} a_n \neq 0$이면 급수 $\sum\limits_{n=1}^{\infty} a_n$은 발산한다. ②

Plus

① 이 명제의 역인 '$\lim\limits_{n \to \infty} a_n = 0$이면 급수 $\sum\limits_{n=1}^{\infty} a_n$이 수렴한다.'는 참이 아니다.

② (2)는 (1)의 대우로 참이다.

(2)를 이용하면 부분합의 극한을 구하지 않고도 급수가 수렴, 발산하는지를 판별할 수 있다.

예 $a_n = \dfrac{n}{n+1}$일 때

$$\lim_{n \to \infty} a_n = \lim_{n \to \infty} \frac{n}{n+1}$$
$$= \lim_{n \to \infty} \frac{1}{1 + \dfrac{1}{n}} = 1$$

즉, $\lim\limits_{n \to \infty} a_n \neq 0$이므로 급수 $\sum\limits_{n=1}^{\infty} a_n$은 발산한다.

예제 2 수열 $\{a_n\}$에 대하여 $\sum\limits_{n=1}^{\infty} \left(a_n - \dfrac{2n}{n+1} \right) = 3$일 때, $\lim\limits_{n \to \infty} a_n$의 값을 구하시오.

풀이 $\sum\limits_{n=1}^{\infty} \left(a_n - \dfrac{2n}{n+1} \right) = 3$에서 급수 $\sum\limits_{n=1}^{\infty} \left(a_n - \dfrac{2n}{n+1} \right)$이 수렴하므로 <u>급수와 수열의 극한 사이의 관계</u>에 의하여

급수 $\sum\limits_{n=1}^{\infty} a_n$이 수렴하면 $\lim\limits_{n \to \infty} a_n = 0$이다.

$$\lim_{n \to \infty} \left(a_n - \frac{2n}{n+1} \right) = 0$$

이때

$$\lim_{n \to \infty} a_n = \lim_{n \to \infty} \left\{ \left(a_n - \frac{2n}{n+1} \right) + \frac{2n}{n+1} \right\} = \lim_{n \to \infty} \left(a_n - \frac{2n}{n+1} \right) + \lim_{n \to \infty} \frac{2n}{n+1}$$

$\lim\limits_{n \to \infty} a_n = \alpha, \ \lim\limits_{n \to \infty} b_n = \beta \ (\alpha, \beta$는 상수$)$일 때 $\lim\limits_{n \to \infty} (a_n + b_n) = \lim\limits_{n \to \infty} a_n + \lim\limits_{n \to \infty} b_n = \alpha + \beta$

$$= \lim_{n \to \infty} \left(a_n - \frac{2n}{n+1} \right) + \lim_{n \to \infty} \frac{2}{1 + \dfrac{1}{n}} = 0 + \frac{2}{1+0} = 2$$

답 2

○ 8854-0021

2 수열 $\{a_n\}$에 대하여 $\sum\limits_{n=1}^{\infty} \dfrac{a_n - 2n}{3n-1} = 4$일 때, $\lim\limits_{n \to \infty} \dfrac{a_n}{n}$의 값을 구하시오.

○ 8854-0022

3 수열 $\{a_n\}$에 대하여 $\sum\limits_{n=1}^{\infty} (a_n - 4) = 2$일 때, $\lim\limits_{n \to \infty} \dfrac{n^2 + 2n}{n^2 a_n - 3n}$의 값을 구하시오.

(단, 모든 자연수 n에 대하여 $n^2 a_n - 3n \neq 0$이다.)

❸ 급수의 성질 ❶

두 급수 $\sum\limits_{n=1}^{\infty} a_n$, $\sum\limits_{n=1}^{\infty} b_n$이 수렴하고, $\sum\limits_{n=1}^{\infty} a_n = S$, $\sum\limits_{n=1}^{\infty} b_n = T$라 할 때,

(1) $\sum\limits_{n=1}^{\infty} (a_n + b_n) = \sum\limits_{n=1}^{\infty} a_n + \sum\limits_{n=1}^{\infty} b_n = S + T$

(2) $\sum\limits_{n=1}^{\infty} (a_n - b_n) = \sum\limits_{n=1}^{\infty} a_n - \sum\limits_{n=1}^{\infty} b_n = S - T$

(3) $\sum\limits_{n=1}^{\infty} ca_n = c \sum\limits_{n=1}^{\infty} a_n = cS$ (단, c는 상수)

예 $\sum\limits_{n=1}^{\infty} a_n = 1$, $\sum\limits_{n=1}^{\infty} b_n = -2$일 때,

① $\sum\limits_{n=1}^{\infty} (a_n + b_n) = \sum\limits_{n=1}^{\infty} a_n + \sum\limits_{n=1}^{\infty} b_n = 1 + (-2) = -1$

② $\sum\limits_{n=1}^{\infty} (a_n - b_n) = \sum\limits_{n=1}^{\infty} a_n - \sum\limits_{n=1}^{\infty} b_n = 1 - (-2) = 3$

③ $\sum\limits_{n=1}^{\infty} 4a_n = 4 \sum\limits_{n=1}^{\infty} a_n = 4 \times 1 = 4$

④ $\sum\limits_{n=1}^{\infty} (5a_n + 2b_n) = \sum\limits_{n=1}^{\infty} 5a_n + \sum\limits_{n=1}^{\infty} 2b_n = 5 \sum\limits_{n=1}^{\infty} a_n + 2 \sum\limits_{n=1}^{\infty} b_n = 5 \times 1 + 2 \times (-2) = 1$

Plus

❶ 수열의 극한에 대한 기본 성질을 이용하여 수렴하는 급수에 대하여 다음 성질이 성립함을 알 수 있다. 또한 수열의 극한에 대한 기본 성질과 마찬가지로 급수의 성질도 수렴하는 급수에 대해서만 성립한다.

참고 $\sum$의 성질

① $\sum\limits_{k=1}^{n} (a_k + b_k)$
$= \sum\limits_{k=1}^{n} a_k + \sum\limits_{k=1}^{n} b_k$

② $\sum\limits_{k=1}^{n} (a_k - b_k)$
$= \sum\limits_{k=1}^{n} a_k - \sum\limits_{k=1}^{n} b_k$

③ $\sum\limits_{k=1}^{n} ca_k = c \sum\limits_{k=1}^{n} a_k$
(단, c는 상수)

예제 **3** 두 급수 $\sum\limits_{n=1}^{\infty} a_n$, $\sum\limits_{n=1}^{\infty} b_n$이 수렴하고 $\sum\limits_{n=1}^{\infty} 2a_n = 12$, $\sum\limits_{n=1}^{\infty} (3a_n - 2b_n) = 16$일 때, 급수 $\sum\limits_{n=1}^{\infty} b_n$의 합을 구하시오.

풀이 두 급수 $\sum\limits_{n=1}^{\infty} a_n$, $\sum\limits_{n=1}^{\infty} b_n$이 수렴하므로 급수의 성질에 의하여

$\sum\limits_{n=1}^{\infty} 2a_n = 12$에서 $\sum\limits_{n=1}^{\infty} 2a_n = 2 \sum\limits_{n=1}^{\infty} a_n = 12$이므로 $\sum\limits_{n=1}^{\infty} a_n = 6$

이고 <u>급수 $\sum\limits_{n=1}^{\infty} a_n$이 수렴할 때, $\sum\limits_{} ca_n = c \sum\limits_{} a_n$ (단, c는 상수)</u>

$\sum\limits_{n=1}^{\infty} (3a_n - 2b_n) = 16$에서

$\sum\limits_{n=1}^{\infty} (3a_n - 2b_n) = \sum\limits_{n=1}^{\infty} 3a_n - \sum\limits_{n=1}^{\infty} 2b_n = 3 \sum\limits_{n=1}^{\infty} a_n - 2 \sum\limits_{n=1}^{\infty} b_n = 3 \times 6 - 2 \sum\limits_{n=1}^{\infty} b_n = 18 - 2 \sum\limits_{n=1}^{\infty} b_n = 16$

<u>두 급수 $\sum\limits_{} a_n$, $\sum\limits_{} b_n$이 모두 수렴할 때, $\sum\limits_{} (a_n - b_n) = \sum\limits_{} a_n - \sum\limits_{} b_n$</u>

즉, $2 \sum\limits_{n=1}^{\infty} b_n = 2$이므로 $\sum\limits_{n=1}^{\infty} b_n = 1$

답 1

유제

○ 8854-0023

4 두 급수 $\sum\limits_{n=1}^{\infty} a_n$, $\sum\limits_{n=1}^{\infty} b_n$이 수렴하고 $\sum\limits_{n=1}^{\infty} 3a_n = 21$, $\sum\limits_{n=1}^{\infty} (2a_n + 5b_n) = 24$일 때, 급수 $\sum\limits_{n=1}^{\infty} (5a_n - 2b_n)$의 합을 구하시오.

○ 8854-0024

5 두 수열 $\{a_n\}$, $\{b_n\}$에 대하여 $\sum\limits_{n=1}^{\infty} (a_n + b_n) = 12$, $\sum\limits_{n=1}^{\infty} (a_n - b_n) = 6$일 때, 급수 $\sum\limits_{n=1}^{\infty} a_n$의 합을 구하시오.

4 등비급수의 수렴, 발산

(1) 등비급수

첫째항이 $a\,(a\neq 0)$, 공비가 r인 등비수열 $\{ar^{n-1}\}$의 각 항을 차례로 덧셈 기호 $+$ 를 사용하여 연결한 급수

$$\sum_{n=1}^{\infty}ar^{n-1}=a+ar+ar^2+\cdots+ar^{n-1}+\cdots$$

을 첫째항이 a, 공비가 r인 **등비급수**라고 한다.

(2) 등비급수의 수렴, 발산

$S_n=\sum_{k=1}^{n}ar^{k-1}$이라 할 때, 수열 $\{S_n\}$의 수렴과 발산, 즉 등비급수 $\sum_{n=1}^{\infty}ar^{n-1}\,(a\neq 0)$ 의 수렴과 발산은 공비 r의 값에 따라 다음과 같다.

(i) $|r|<1$일 때, $\lim_{n\to\infty}r^n=0$이므로 $\lim_{n\to\infty}S_n=\lim_{n\to\infty}\dfrac{a(1-r^n)}{1-r}=\dfrac{a}{1-r}$이다.

따라서 $\sum_{n=1}^{\infty}ar^{n-1}$은 $\dfrac{a}{1-r}$에 **수렴**한다.

(ii) $r=1$일 때, $S_n=na$이므로 $\sum_{n=1}^{\infty}ar^{n-1}$은 **발산**한다.

(iii) $r>1$일 때, $\lim_{n\to\infty}r^n=\infty$이므로 $\sum_{n=1}^{\infty}ar^{n-1}$은 **발산**한다.

(iv) $r\leq -1$일 때, 수열 $\{r^n\}$은 진동하므로 $\sum_{n=1}^{\infty}ar^{n-1}$은 **발산**한다.

Plus

❶ 등비급수 $\sum_{n=1}^{\infty}ar^{n-1}$의 제$n$항까지의 부분합 S_n이

$$S_n=a+ar+ar^2+\cdots+ar^{n-1}$$

이므로
$r\neq 1$일 때,
$$S_n=\frac{a(1-r^n)}{1-r}$$
$r=1$일 때,
$$S_n=a+a+a+\cdots+a=na$$

❷ 첫째항이 $a(a\neq 0)$, 공비가 r인 등비급수
$$\sum_{n=1}^{\infty}ar^{n-1}=a+ar+ar^2+\cdots+ar^{n-1}+\cdots$$
은
① $|r|<1$일 때, 수렴하고 그 합은 $\dfrac{a}{1-r}$이다.
② $|r|\geq 1$일 때, 발산한다.

---

 4 첫째항이 2이고 공비가 $\dfrac{1}{2}$인 등비수열 $\{a_n\}$에 대하여 급수 $\sum_{n=1}^{\infty}(a_n+a_{n+1})$의 합을 구하시오.

풀이 등비수열 $\{a_n\}$의 첫째항이 2이고 공비가 $\dfrac{1}{2}$이므로

$$a_n=2\times\left(\frac{1}{2}\right)^{n-1}=\left(\frac{1}{2}\right)^{n-2}\text{이고, } a_{n+1}=\left(\frac{1}{2}\right)^{(n+1)-2}=\left(\frac{1}{2}\right)^{n-1}$$

<u>첫째항이 a, 공비가 r인 등비수열 $\{a_n\}$에서 $a_n=a\times r^{n-1}$</u>

따라서

$$a_n+a_{n+1}=\left(\frac{1}{2}\right)^{n-2}+\left(\frac{1}{2}\right)^{n-1}=\left(\frac{1}{2}\right)^{n-2}+\frac{1}{2}\times\left(\frac{1}{2}\right)^{n-2}=\left(1+\frac{1}{2}\right)\times\left(\frac{1}{2}\right)^{n-2}=\frac{3}{2}\times\left(\frac{1}{2}\right)^{n-2}$$

이므로

$$\sum_{n=1}^{\infty}(a_n+a_{n+1})=\sum_{n=1}^{\infty}\frac{3}{2}\times\left(\frac{1}{2}\right)^{n-2}=\frac{3}{1-\frac{1}{2}}=6$$

급수 $\sum_{n=1}^{\infty}\dfrac{3}{2}\times\left(\dfrac{1}{2}\right)^{n-2}$은 첫째항이 $\dfrac{3}{2}\times\left(\dfrac{1}{2}\right)^{-1}=\dfrac{3}{2}\times 2=3$,

공비가 $\dfrac{1}{2}$이고 $-1<\dfrac{1}{2}<1$이므로 급수는 수렴한다.

답 6

🔵 8854-0025

 6 급수 $\sum_{n=1}^{\infty}\dfrac{2^{n-1}+(-1)^n}{3^{n+1}}$의 합을 구하시오.

02 급수

5 등비급수의 활용

(1) 순환소수는 등비급수로 표현이 가능하므로 등비급수를 이용하여 순환소수를 분수로 나타낼 수 있다.

$$\text{예 } 0.\dot{1}=0.1+0.01+0.001+\cdots=\frac{0.1}{1-0.1}=\frac{1}{9}$$

(2) 일정한 규칙에 따라 닮음인 도형이 한없이 반복되는 도형의 길이(도형의 넓이, 입체도형의 부피)의 합은 등비급수로 표현이 가능하므로 등비급수를 이용하여 다음과 같은 방법으로 구할 수 있다.

① 도형의 성질을 이용하여 닮음인 도형들에 대한 첫 번째 도형의 길이(도형의 넓이, 입체도형의 부피) a를 구한다.

② 도형의 길이(도형의 넓이, 입체도형의 부피)의 이웃하는 두 항 사이의 규칙을 찾고, 공비 $r\,(0<r<1)$의 값을 구한다.

③ 수렴하는 등비급수의 합의 공식 $\dfrac{a}{1-r}$에 대입한다.

Plus

❶ 주어진 급수는 첫째항이 0.1이고, 공비가 0.1인 등비급수이고, $-1<0.1<1$이므로 수렴한다.

❷ 반복되는 닮음인 도형에서 이웃하는 두 도형의 닮음비가 $1:r\,(0<r<1)$이면
① 길이의 비 → $1:r$
② 넓이의 비 → $1:r^2$
이므로 길이의 합 $\sum\limits_{n=1}^{\infty}L_n$
과 넓이의 합 $\sum\limits_{n=1}^{\infty}S_n$은 공비가 각각 r, r^2인 등비급수의 합이다.

$$\sum_{n=1}^{\infty}L_n=\frac{L_1}{1-r}$$
$$\sum_{n=1}^{\infty}S_n=\frac{S_1}{1-r^2}$$

 5 그림과 같이 점 A를 중심으로 하고 반지름의 길이가 32인 원을 O_1이라 하자. 점 A를 중심으로 하고 반지름의 길이가 원 O_1의 반지름의 길이의 $\dfrac{1}{2}$인 원을 O_2, 점 A를 중심으로 하고 반지름의 길이가 원 O_2의 반지름의 길이의 $\dfrac{1}{2}$인 원을 O_3라 하자. 이와 같은 과정을 계속할 때, 그려지는 모든 원의 둘레의 길이의 합을 구하시오.

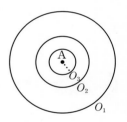

풀이 원 O_1, O_2, O_3, $\cdots$의 둘레의 길이를 각각 l_1, l_2, l_3, $\cdots$라 하자.

$l_1=2\times\pi\times32=64\pi$, $l_2=2\times\pi\times16=32\pi$, $l_3=2\times\pi\times8=16\pi$, $l_4=2\times\pi\times4=8\pi$, $\cdots$

수열 $\{l_n\}$은 첫째항이 64π이고 공비가 $\dfrac{1}{2}$인 등비수열이고 $0<\dfrac{1}{2}<1$이므로 급수 $\sum\limits_{n=1}^{\infty}l_n$은 수렴한다. 따라서 그 합은 $\sum\limits_{n=1}^{\infty}l_n=\dfrac{64\pi}{1-\dfrac{1}{2}}=128\pi$

답 128π

○ 8854-0026

 7 그림과 같이 $\overline{AB}=\overline{BC}=10$인 직각이등변삼각형 ABC에서 선분 AC의 중점을 A_1, 선분 BC의 중점을 B_1이라 하고 선분 A_1B_1을 한 변으로 하는 정사각형의 넓이를 a_1이라 하자. 선분 A_1C의 중점을 A_2, 선분 B_1C의 중점을 B_2라 하고 선분 A_2B_2를 한 변으로 하는 정사각형의 넓이를 a_2라 하자. 선분 A_2C의 중점을 A_3, 선분 B_2C의 중점을 B_3라 하고 선분 A_3B_3을 한 변으로 하는 정사각형의 넓이를 a_3라 하자. 이와 같은 과정을 계속하여 n번째 얻은 정사각형의 넓이를 a_n이라 할 때, 급수 $\sum\limits_{n=1}^{\infty}a_n$의 합을 구하시오.

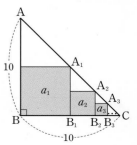

| 급수의 수렴, 발산 |

◐ 8854-0027

1 첫째항이 1이고 공차가 2인 등차수열 $\{a_n\}$에 대하여 급수 $\sum_{n=1}^{\infty}\left(\dfrac{1}{a_n}-\dfrac{1}{a_{n+1}}\right)$의 합은?

① $\dfrac{1}{3}$ 　　② $\dfrac{1}{2}$ 　　③ 1 　　④ 2 　　⑤ 3

| 급수와 수열의 극한 사이의 관계 |

◐ 8854-0028

2 수열 $\{a_n\}$에 대하여 $\sum_{n=1}^{\infty}\left(a_n-\dfrac{n^2-n+1}{2n^2+1}\right)=5$일 때, $\lim_{n\to\infty}(2a_n+3)$의 값은?

① 4 　　② $\dfrac{9}{2}$ 　　③ 5 　　④ $\dfrac{11}{2}$ 　　⑤ 6

| 급수의 성질 |

◐ 8854-0029

3 두 급수 $\sum_{n=1}^{\infty}a_n$, $\sum_{n=1}^{\infty}b_n$이 수렴하고 $\sum_{n=1}^{\infty}(2a_n+3b_n)=23$, $\sum_{n=1}^{\infty}(3a_n-2b_n)=2$일 때, 급수 $\sum_{n=1}^{\infty}\left(\dfrac{1}{2}a_n+\dfrac{1}{5}b_n\right)$의 합은?

① 1 　　② $\dfrac{3}{2}$ 　　③ 2 　　④ $\dfrac{5}{2}$ 　　⑤ 3

| 등비급수의 수렴, 발산 |

◐ 8854-0030

4 첫째항이 3이고 공비가 $\dfrac{1}{5}$인 등비수열 $\{a_n\}$에 대하여 급수 $\sum_{n=1}^{\infty}\dfrac{a_n a_{2n}}{a_{2n+1}}$의 합은?

① $\dfrac{71}{4}$ 　　② $\dfrac{75}{4}$ 　　③ $\dfrac{79}{4}$ 　　④ $\dfrac{83}{4}$ 　　⑤ $\dfrac{87}{4}$

| 등비급수의 활용 |

◐ 8854-0031

5 그림과 같이 모든 변의 길이가 1이고 $\angle B_1C_1D_1=60°$인 평행사변형 $A_1B_1C_1D_1$이 있다. 두 꼭짓점 B_1, D_1을 이어 삼각형 $B_1C_1D_1$을 만든다. 세 선분 A_1B_1, B_1D_1, A_1D_1의 중점을 각각 B_2, C_2, D_2라 하고 삼각형 $B_2C_2D_2$를 만든다. 다시 세 선분 A_1B_2, B_2D_2, A_1D_2의 중점을 각각 B_3, C_3, D_3라 하고 삼각형 $B_3C_3D_3$를 만든다. 이와 같은 과정을 계속하여 n번째 얻은 삼각형 $B_nC_nD_n$의 넓이를 a_n이라 할 때, 급수 $\sum_{n=1}^{\infty}a_n$의 합은?

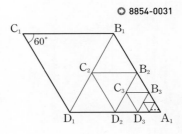

① $\dfrac{\sqrt{3}}{5}$ 　　② $\dfrac{\sqrt{3}}{4}$ 　　③ $\dfrac{\sqrt{3}}{3}$ 　　④ $\dfrac{\sqrt{3}}{2}$ 　　⑤ $\sqrt{3}$

🔵 8854-0032

1 수렴하는 수열 $\{a_n\}$에 대하여

$$\lim_{n \to \infty} \frac{3a_n + 2}{1 + 2a_n} = \frac{8}{5}$$ 일 때, $\lim_{n \to \infty} \left(\frac{1}{2} a_n + 3 \right)$의 값은?

① $\dfrac{7}{2}$ ② 4 ③ $\dfrac{9}{2}$

④ 5 ⑤ $\dfrac{11}{2}$

🔵 8854-0033

2 수열 $\{a_n\}$의 첫째항부터 제n항까지의 합을 S_n이라 하자. $S_n = n(n+3)$일 때, $\lim_{n \to \infty} \dfrac{4S_n + na_n}{3n^2 + n - 1}$의 값은?

① $\dfrac{1}{4}$ ② $\dfrac{1}{2}$ ③ 1

④ 2 ⑤ 4

🔵 8854-0034

3 두 수열 $\{a_n\}$, $\{b_n\}$에 대하여

$$a_n + b_n = \frac{n}{n+1}, \quad a_n b_n = \frac{n^2}{3n^2 + 2n + 1}$$

을 만족시킬 때, $\lim_{n \to \infty} (a_n - b_n)^2$의 값은?

① $-\dfrac{1}{2}$ ② $-\dfrac{1}{3}$ ③ 1

④ $\dfrac{1}{3}$ ⑤ $\dfrac{1}{2}$

🔵 8854-0035

4 수열 $\{a_n\}$이 모든 자연수 n에 대하여

$$n(n+1) < a_n - n^2 < (n+2)(n+3)$$

을 만족시킬 때, $\lim_{n \to \infty} \dfrac{a_n}{2n^2}$의 값은?

① $\dfrac{1}{5}$ ② $\dfrac{1}{4}$ ③ $\dfrac{1}{3}$

④ $\dfrac{1}{2}$ ⑤ 1

5 자연수 n에 대하여 x에 대한 다항식 x^n+2x를 일차식 $3x-1$로 나눈 나머지를 a_n이라 할 때, $\displaystyle\lim_{n\to\infty}\dfrac{9a_n+1}{3a_n}$의 값은?

① $\dfrac{5}{2}$ ② 3 ③ $\dfrac{7}{2}$

④ 4 ⑤ $\dfrac{9}{2}$

6 자연수 n에 대하여 함수 $f(x)$를 $f(x)=x^2+x-(4n^2-1)$이라 하자. 함수 $y=f(x)$의 그래프와 x축이 만나는 두 점의 x좌표를 각각 a_n, b_n $(a_n>b_n)$이라 할 때, 급수 $\displaystyle\sum_{n=1}^{\infty}\dfrac{a_n+b_n}{a_nb_n}$의 합은?

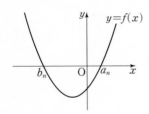

① $\dfrac{1}{4}$ ② $\dfrac{1}{2}$ ③ 1

④ 2 ⑤ 4

7 수열 $\{a_n\}$에 대하여 급수 $\displaystyle\sum_{n=1}^{\infty}\left(a_n-\dfrac{4n^2-3n+1}{2n^2-5}\right)$이 수렴할 때, $\displaystyle\lim_{n\to\infty}\dfrac{(a_n+3)n^2-n}{2n^2+3}$의 값은?

① 1 ② $\dfrac{3}{2}$ ③ 2

④ $\dfrac{5}{2}$ ⑤ 3

8 등비수열 $\{a_n\}$에 대하여 $a_1=2$, $\displaystyle\sum_{n=1}^{\infty}a_n=6$일 때, $\displaystyle\sum_{n=1}^{\infty}a_{2n}$의 값은?

① $\dfrac{8}{5}$ ② $\dfrac{9}{5}$ ③ 2

④ $\dfrac{11}{5}$ ⑤ $\dfrac{12}{5}$

9 두 등비수열 $\{a_n\}$, $\{b_n\}$의 첫째항이 각각 2, 4이고 두 급수 $\sum\limits_{n=1}^{\infty} a_n$, $\sum\limits_{n=1}^{\infty} b_n$이 모두 수렴한다.

$$\sum_{n=1}^{\infty}(a_n+3b_n)=20, \quad \sum_{n=1}^{\infty}(9a_n-6b_n)=4$$

를 만족시킬 때, 급수 $\sum\limits_{n=1}^{\infty} a_n b_n$의 합은?

① $\dfrac{62}{7}$ ② $\dfrac{64}{7}$ ③ $\dfrac{66}{7}$

④ $\dfrac{68}{7}$ ⑤ 10

◎ 8854-0040

10 좌표평면에서 직선 $y=3x$ 위의 점 $A_1(1, 3)$이 있다. 점 A_1을 지나고 x축에 평행한 직선이 직선 $y=\dfrac{1}{3}x$와 만나는 점을 B_1, 점 B_1을 지나고 y축에 평행한 직선이 직선 $y=3x$와 만나는 점을 A_2, 점 A_2를 지나고 x축에 평행한 직선이 직선 $y=\dfrac{1}{3}x$와 만나는 점을 B_2, 점 B_2를 지나고 y축에 평행한 직선이 직선 $y=3x$와 만나는 점을 A_3이라 하자. 이와 같은 과정을 계속하여 점 B_3, A_4, B_4, $\cdots$, A_n, B_n, $\cdots$을 정할 때, 급수 $64\sum\limits_{n=1}^{\infty}\dfrac{1}{A_n B_n}$의 합은?

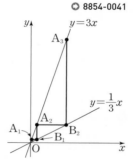

① 9 ② 10 ③ 11

④ 12 ⑤ 13

◎ 8854-0041

11 자연수 k에 대하여 $a_k = \lim\limits_{n\to\infty}\dfrac{\left(\dfrac{2}{k}\right)^n}{\left(\dfrac{2}{k}\right)^{n-1}+2}$이라 할 때, $\sum\limits_{k=1}^{5} ka_k$의 값을 구하시오.

◎ 8854-0042

12 첫째항이 6이고 공비가 r $(0<r<1)$인 등비수열 $\{a_n\}$의 첫째항부터 제n항까지의 합을 S_n이라 하자. $\sum\limits_{n=1}^{\infty}\left(\dfrac{1}{S_n}-\dfrac{1}{S_{n+1}}\right)=\dfrac{1}{18}$일 때, 공비 r의 값을 구하시오.

◎ 8854-0043

기출문항 변형

그림과 같이 가로의 길이가 10이고 세로의 길이가 6인 직사각형 A_1이 있다. 직사각형 A_1의 각 변의 중점을 연결하여 마름모 B_1을 그리고 마름모 B_1의 각 변의 중점을 연결하여 직사각형 A_2를 그린다. 직사각형 A_2의 각 변의 중점을 연결하여 마름모 B_2를 그리고 마름모 B_2의 각 변의 중점을 연결하여 직사각형 A_3를 그린다. 이와 같은 방법으로 얻은 직사각형 A_n의 넓이를 S_n이라 할 때, $\sum_{n=1}^{\infty} S_n$의 값을 구하시오.

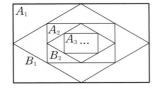

풀이

$S_1 = 10 \times 6 = 60$

그림에서 직사각형 A_n과 A_{n+1}의 닮음비는 $2:1$이므로 넓이의 비는 $4:1$, 즉 $1:\frac{1}{4}$이다.

따라서 수열 $\{S_n\}$은 첫째항이 60이고, 공비가 $\frac{1}{4}$인 등비수열이므로

$$\sum_{n=1}^{\infty} S_n = 60\left\{1 + \frac{1}{4} + \left(\frac{1}{4}\right)^2 + \cdots\right\}$$
$$= \frac{60}{1-\frac{1}{4}} = 80$$

답 80

● 8854-0044

1 그림과 같이 $\overline{AB}=3$, $\overline{AD}=4$인 직사각형 ABCD에 대하여 삼각형 BCD에 내접하는 원을 그린 후 그 원에 내접하고 직사각형 ABCD와 닮은 직사각형 $A_1B_1C_1D_1$을 그리고, 원의 내부와 직사각형 $A_1B_1C_1D_1$의 외부의 공통부분에 색칠하여 얻은 그림을 R_1이라 하자. 그림 R_1에서 새로 그려진 직사각형 $A_1B_1C_1D_1$에 그림 R_1과 같은 방법으로 내접하는 원과 직사각형을 그린 후 원의 내부와 직사각형의 외부의 공통부분에 색칠하여 얻은 그림을 R_2라 하자. 이와 같은 과정을 계속하여 n번째 얻은 그림 R_n에 색칠되어 있는 부분의 넓이를 S_n이라 할 때, $\lim_{n\to\infty} S_n$의 값은?

(단, 그림 R_n의 모든 직사각형들은 대각선 중 하나가 직선 BD와 평행하다.)

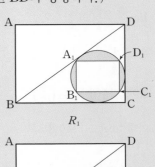

R_1

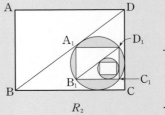

R_2

① $\frac{25\pi-46}{21}$ ② $\frac{25\pi-47}{21}$ ③ $\frac{25\pi-48}{21}$

④ $\frac{25\pi-47}{20}$ ⑤ $\frac{25\pi-48}{20}$

01 여러 가지 함수의 미분 (1)

1 지수함수의 극한

지수함수 $y=a^x$ $(a>0,\ a\neq1)$의 극한은 지수함수의 그래프에서 다음이 성립함을 알 수 있다.

Plus

❶ 지수함수
$y=a^x$ $(a>0,\ a\neq1)$은 실수 전체의 집합에서 연속이므로 r가 실수일 때,
$$\lim_{x\to r}a^x=a^r$$

예
$$\lim_{x\to\infty}2^x=\infty$$
$$\lim_{x\to-\infty}2^x=0$$
$$\lim_{x\to\infty}\left(\frac{1}{2}\right)^x=0$$
$$\lim_{x\to-\infty}\left(\frac{1}{2}\right)^x=\infty$$

(1) $a>1$일 때

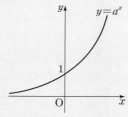

① $\lim_{x\to0}a^x=1$

② $\lim_{x\to1}a^x=a$ ❶

③ $\lim_{x\to\infty}a^x=\infty$

④ $\lim_{x\to-\infty}a^x=0$

(2) $0<a<1$일 때

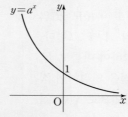

① $\lim_{x\to0}a^x=1$

② $\lim_{x\to1}a^x=a$ ❶

③ $\lim_{x\to\infty}a^x=0$

④ $\lim_{x\to-\infty}a^x=\infty$

예제 1 $\lim_{x\to\infty}\dfrac{3^x-2^x}{3^x+2^x}$의 값은?

① $-\dfrac{1}{2}$　　② $-\dfrac{1}{3}$　　③ 1　　④ $\dfrac{1}{3}$　　⑤ $\dfrac{1}{2}$

풀이 지수함수 $y=\left(\dfrac{2}{3}\right)^x$의 그래프는 $0<\dfrac{2}{3}<1$이므로 오른쪽 그림과 같다.

이때 $\lim_{x\to\infty}\left(\dfrac{2}{3}\right)^x=0$이므로

$$\lim_{x\to\infty}\frac{3^x-2^x}{3^x+2^x}=\lim_{x\to\infty}\frac{1-\left(\dfrac{2}{3}\right)^x}{1+\left(\dfrac{2}{3}\right)^x}=\frac{1-0}{1+0}=1$$

$x\to\infty$일 때, $3^x\to\infty$, $2^x\to\infty$이고 $3>2$이므로 분모와 분자를 각각 3^x으로 나눈다.

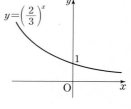

답 ③

---

1 $\lim_{x\to-\infty}\dfrac{3^x+2^x}{3^x-2^x}$의 값은?

○ 8854-0045

① -1　　② $-\dfrac{1}{3}$　　③ 0　　④ $\dfrac{1}{3}$　　⑤ 1

2 $\lim_{x\to0}\dfrac{4^x-1}{2^x-1}$의 값은?

○ 8854-0046

① $\dfrac{1}{4}$　　② $\dfrac{1}{2}$　　③ 1　　④ 2　　⑤ 4

2 로그함수의 극한

로그함수 $y=\log_a x$ $(a>0, a\neq1)$의 극한은 로그함수의 그래프에서 다음이 성립함을 알 수 있다.

Plus

❶ 로그함수
$y=\log_a x$ $(a>0, a\neq1)$
는 양의 실수 전체의 집합에서 연속이므로 r가 양의 실수일 때,
$$\lim_{x \to r}\log_a x=\log_a r$$
예
$$\lim_{x \to 0+}\log_2 x=-\infty$$
$$\lim_{x \to \infty}\log_2 x=\infty$$
$$\lim_{x \to 0+}\log_{\frac{1}{2}} x=\infty$$
$$\lim_{x \to \infty}\log_{\frac{1}{2}} x=-\infty$$

(1) $a>1$일 때

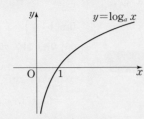

① $\lim_{x \to 0+}\log_a x=-\infty$

② $\lim_{x \to 1}\log_a x=0$ ❶

③ $\lim_{x \to \infty}\log_a x=\infty$

(2) $0<a<1$일 때

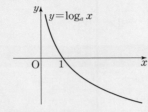

① $\lim_{x \to 0+}\log_a x=\infty$

② $\lim_{x \to 1}\log_a x=0$ ❶

③ $\lim_{x \to \infty}\log_a x=-\infty$

 2 $\lim_{x \to \infty}\dfrac{2\log_2 x+3}{\log_2 x}$의 값은?

① 1　　　　② 2　　　　③ 3　　　　④ 4　　　　⑤ 5

풀이 로그함수 $y=\log_2 x$의 그래프는 $2>1$이므로 오른쪽 그림과 같다.

이때 $\lim_{x \to \infty}\log_2 x=\infty$이므로

$$\lim_{x \to \infty}\frac{2\log_2 x+3}{\log_2 x}=\lim_{x \to \infty}\left(\frac{2\log_2 x}{\log_2 x}+\frac{3}{\log_2 x}\right)=\lim_{x \to \infty}\left(2+\frac{3}{\log_2 x}\right)$$
$$=2+0=2$$

답 ②

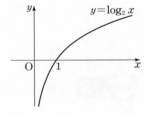

○ 8854-0047

유제 **3** $\lim_{x \to \infty}\dfrac{\log_2 x+3}{\log_3 x+2}$의 값은?

① $\log_3 2$　　　② 1　　　③ $\log_2 3$　　　④ 2　　　⑤ 3

○ 8854-0048

4 $\lim_{x \to \infty}\{\log_3 (9x^2+1)-2\log_3 x\}$의 값은?

① $\dfrac{1}{3}$　　　② $\dfrac{1}{2}$　　　③ 1　　　④ 2　　　⑤ 3

❸ 무리수 e의 정의와 자연로그

(1) 무리수 e의 정의

x의 값이 0에 한없이 가까워질 때, $(1+x)^{\frac{1}{x}}$의 값은 일정한 값에 가까워지며 그 극한값을 e로 나타낸다. 즉 $\lim\limits_{x \to 0}(1+x)^{\frac{1}{x}}=e$이다. 이때 수 e는 무리수이며 그 값은

$e=2.718281828459045\cdots$임이 알려져 있다.

x	$(1+x)^{\frac{1}{x}}$	x	$(1+x)^{\frac{1}{x}}$
0.1	$2.59374\cdots$	-0.1	$2.86797\cdots$
0.01	$2.70481\cdots$	-0.01	$2.73199\cdots$
0.001	$2.71692\cdots$	-0.001	$2.71964\cdots$
0.0001	$2.71814\cdots$	-0.0001	$2.71841\cdots$
$\cdots$	$\cdots$	$\cdots$	$\cdots$

(2) 자연로그

무리수 e를 밑으로 하는 로그, 즉 $\log_e x$를 **자연로그**라 하고 **$\ln x$**로 나타낸다. 이때 로그함수 $y=\ln x$와 지수함수 $y=e^x$은 서로 역함수 관계에 있다. 따라서 두 곡선 $y=\ln x$와 $y=e^x$은 직선 $y=x$에 대하여 대칭이다.

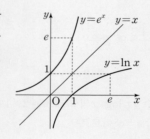

Plus

❶ $\lim\limits_{x \to 0}(1+x)^{\frac{1}{x}}=e$에서

$\dfrac{1}{x}=t$라 하면,

$x \to 0+$일 때 $t \to \infty$이므로

$\lim\limits_{t \to \infty}\left(1+\dfrac{1}{t}\right)^t=e$

0이 아닌 실수 a에 대하여

① $\lim\limits_{x \to 0}(1+ax)^{\frac{1}{x}}$
$=\lim\limits_{x \to 0}\{(1+ax)^{\frac{1}{ax}}\}^a$
$=e^a$

② $\lim\limits_{x \to \infty}\left(1+\dfrac{a}{x}\right)^x$
$=\lim\limits_{x \to \infty}\left\{\left(1+\dfrac{a}{x}\right)^{\frac{x}{a}}\right\}^a$
$=e^a$

예제 3 $\lim\limits_{x \to 0}(1+3x)^{\frac{1}{2x}}$의 값은?

① $e^{\frac{1}{2}}$ ② e ③ $e^{\frac{3}{2}}$ ④ e^2 ⑤ $e^{\frac{5}{2}}$

풀이 $\lim\limits_{x \to 0}(1+3x)^{\frac{1}{2x}}$에서 $3x=t$로 놓으면 $x \to 0$일 때 $t \to 0$이므로

$\lim\limits_{x \to 0}(1+3x)^{\frac{1}{2x}}=\lim\limits_{x \to 0}\{(1+3x)^{\frac{1}{3x}}\}^{\frac{3}{2}}=\lim\limits_{t \to 0}\{(1+t)^{\frac{1}{t}}\}^{\frac{3}{2}}=e^{\frac{3}{2}}$

$3x=t$이므로 $\dfrac{1}{3x}=\dfrac{1}{t}$과 $\lim\limits_{t \to 0}(1+t)^{\frac{1}{t}}=e$임을 이용

답 ③

유제

○ 8854-0049

5 $\lim\limits_{x \to \infty}\left(\dfrac{x+2}{x}\right)^{\frac{x}{3}}$의 값은?

① $e^{\frac{1}{3}}$ ② $e^{\frac{2}{3}}$ ③ e ④ $e^{\frac{4}{3}}$ ⑤ $e^{\frac{5}{3}}$

○ 8854-0050

6 $\lim\limits_{x \to 0}(1-x)^{\frac{a}{x}}=\sqrt{e}$일 때, 상수 a의 값을 구하시오.

4 무리수 e의 정의를 이용한 로그함수의 극한

(1) $\lim\limits_{x \to 0} \dfrac{\ln(1+x)}{x} = 1$

설명 $\lim\limits_{x \to 0} \dfrac{\ln(1+x)}{x} = \lim\limits_{x \to 0} \left\{ \dfrac{1}{x} \times \ln(1+x) \right\} = \underline{\lim\limits_{x \to 0} \ln(1+x)^{\frac{1}{x}}}$ ❶

$\qquad\qquad\qquad\quad = \ln e = 1$

(2) $\lim\limits_{x \to 0} \dfrac{\log_a(1+x)}{x} = \dfrac{1}{\ln a}$ (단, $a > 0$, $a \neq 1$)

설명 $\lim\limits_{x \to 0} \dfrac{\log_a(1+x)}{x} = \lim\limits_{x \to 0} \underline{\left\{ \dfrac{\log_e(1+x)}{\log_e a} \times \dfrac{1}{x} \right\}}$ ❷

$\qquad\qquad\qquad\quad = \lim\limits_{x \to 0} \left\{ \dfrac{1}{\ln a} \times \dfrac{\ln(1+x)}{x} \right\}$

$\qquad\qquad\qquad\quad = \dfrac{1}{\ln a} \times 1 = \dfrac{1}{\ln a}$

Plus

❶ $\lim\limits_{x \to 0} (1+x)^{\frac{1}{x}} = e$

❷ 무리수 e를 밑으로 하는 로그, 즉 $\log_e x$를 자연로그라 하고 $\ln x$로 나타낸다.

 예제 4 $\lim\limits_{x \to 0} \dfrac{\ln(1+ax)+x}{x} = 2$일 때, 상수 a의 값은?

① 1 　　　② $\dfrac{3}{2}$ 　　　③ 2 　　　④ $\dfrac{5}{2}$ 　　　⑤ 3

풀이 $\lim\limits_{x \to 0} \dfrac{\ln(1+ax)+x}{x} = \lim\limits_{x \to 0} \left\{ \dfrac{\ln(1+ax)}{x} + 1 \right\}$

$\qquad\qquad\qquad\qquad = \lim\limits_{x \to 0} \left\{ \dfrac{1}{x} \ln(1+ax) + 1 \right\} = \lim\limits_{x \to 0} \{ \ln(1+ax)^{\frac{1}{x}} + 1 \}$

$\qquad\qquad\qquad\qquad = \lim\limits_{x \to 0} [\ln\{(1+ax)^{\frac{1}{ax}}\}^a + 1] = \ln e^a + 1 = a+1$

$\qquad\qquad$ $ax = t$로 놓으면 $x \to 0$일 때 $t \to 0$이므로 $\lim\limits_{t \to 0} \ln(1+t)^{\frac{1}{t}} = \ln e$

$\lim\limits_{x \to 0} \dfrac{\ln(1+ax)+x}{x} = 2$이므로

$a+1 = 2$, $a = 1$

답 ①

 유제

◐ 8854-0051

7 $\lim\limits_{x \to 0} \dfrac{\ln(1+2x)}{3x}$의 값은?

① $-\dfrac{2}{3}$ 　　　② $-\dfrac{1}{3}$ 　　　③ 0 　　　④ $\dfrac{1}{3}$ 　　　⑤ $\dfrac{2}{3}$

◐ 8854-0052

8 $\lim\limits_{x \to 0} \dfrac{\ln(1+ax)}{2x} = \dfrac{2}{3}$일 때, 상수 a의 값은?

① $\dfrac{3}{2}$ 　　　② $\dfrac{4}{3}$ 　　　③ $\dfrac{5}{4}$ 　　　④ $\dfrac{6}{5}$ 　　　⑤ $\dfrac{7}{6}$

5 무리수 e의 정의를 이용한 지수함수의 극한

(1) $\lim\limits_{x \to 0} \dfrac{e^x - 1}{x} = 1$

설명 $\lim\limits_{x \to 0} \dfrac{e^x - 1}{x}$ 에서 $e^x - 1 = t$라 하면, $x = \ln(1+t)$이고 $x \to 0$일 때 $t \to 0$이므로 ➊

$$\lim_{x \to 0} \frac{e^x - 1}{x} = \lim_{t \to 0} \frac{t}{\ln(1+t)} = \lim_{t \to 0} \frac{1}{\dfrac{\ln(1+t)}{t}} = \frac{1}{1} = 1 ➋$$

(2) $\lim\limits_{x \to 0} \dfrac{a^x - 1}{x} = \ln a$ (단, $a > 0$, $a \neq 1$)

설명 $\lim\limits_{x \to 0} \dfrac{a^x - 1}{x}$ 에서 $a^x - 1 = t$라 하면, $x = \dfrac{\ln(1+t)}{\ln a}$이고 $x \to 0$일 때 $t \to 0$이므로 ➌

$$\lim_{x \to 0} \frac{a^x - 1}{x} = \lim_{t \to 0} \frac{t}{\dfrac{\ln(1+t)}{\ln a}} = \lim_{t \to 0} \frac{t \times \ln a}{\ln(1+t)}$$

$$= \ln a \times \lim_{t \to 0} \frac{1}{\dfrac{\ln(1+t)}{t}} = \ln a \times 1 = \ln a$$

Plus

➊ $e^x - 1 = t$에서
$e^x = 1 + t$
$\ln e^x = \ln(1+t)$
$x \ln e = \ln(1+t)$
$x = \ln(1+t)$

➋ $\lim\limits_{x \to 0} \dfrac{\ln(1+x)}{x} = 1$

➌ $a^x - 1 = t$에서
$a^x = 1 + t$
$\ln a^x = \ln(1+t)$
$x \ln a = \ln(1+t)$
$x = \dfrac{\ln(1+t)}{\ln a}$

예제 **5** 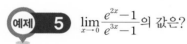 $\lim\limits_{x \to 0} \dfrac{e^{2x} - 1}{e^{3x} - 1}$의 값은?

① $\dfrac{1}{3}$　　　② $\dfrac{2}{3}$　　　③ 1　　　④ $\dfrac{4}{3}$　　　⑤ $\dfrac{5}{3}$

풀이 $\lim\limits_{x \to 0} \dfrac{e^{2x} - 1}{e^{3x} - 1} = \lim\limits_{x \to 0} \dfrac{\dfrac{e^{2x} - 1}{x}}{\dfrac{e^{3x} - 1}{x}} = \lim\limits_{x \to 0} \dfrac{\dfrac{e^{2x} - 1}{2x} \times 2}{\dfrac{e^{3x} - 1}{3x} \times 3} = \dfrac{1 \times 2}{1 \times 3} = \dfrac{2}{3}$

$\lim\limits_{t \to 0} \dfrac{e^t - 1}{t} = 1$이므로 $\lim\limits_{x \to 0} \dfrac{e^{2x} - 1}{2x} = 1$이고 $\lim\limits_{x \to 0} \dfrac{e^{3x} - 1}{3x} = 1$

답 ②

 유제

8854-0053

9 $\lim\limits_{x \to 0} \dfrac{e^{2x} - 1}{4x^2 + 2ax} = \dfrac{1}{3}$을 만족시키는 상수 a의 값은?

① -3　　　② -1　　　③ 1　　　④ 3　　　⑤ 5

8854-0054

10 $\lim\limits_{x \to 0} \dfrac{e^x - 1}{\ln(1+2x)}$의 값은?

① $\dfrac{1}{e}$　　　② $\dfrac{1}{2}$　　　③ 1　　　④ 2　　　⑤ e

| 지수함수의 극한 |

8854-0055

1 $\lim\limits_{x \to \infty} \dfrac{3^x + a \times 5^x}{5^{x+1} - 3^x} = \dfrac{1}{2}$일 때, 상수 a의 값은?

① $\dfrac{1}{2}$　　　② 1　　　③ $\dfrac{3}{2}$　　　④ 2　　　⑤ $\dfrac{5}{2}$

| 로그함수의 극한 |

8854-0056

2 $\lim\limits_{x \to \infty} \left\{ \log_3 (2x-1) + \log_{\frac{1}{3}} \left(\dfrac{1}{2}x + 1 \right) \right\}$의 값은?

① $\dfrac{1}{3} \log_3 2$　　　② $\dfrac{1}{2} \log_3 2$　　　③ $\log_3 2$　　　④ $2 \log_3 2$　　　⑤ $3 \log_3 2$

| 무리수 e의 정의와 자연로그 |

8854-0057

3 $\lim\limits_{x \to 0} (1 + 4x + 4x^2)^{\frac{a}{x}} = e^8$일 때, 상수 a의 값은?

① 1　　　② 2　　　③ 3　　　④ 4　　　⑤ 5

| 무리수 e의 정의를 이용한 함수의 극한 |

8854-0058

4 $\lim\limits_{x \to 0} \dfrac{(e^x - 1)(e^x + 1)}{2^{2x} - 1}$의 값은?

① $\dfrac{1}{2 \ln 2}$　　　② $\dfrac{1}{\ln 2}$　　　③ 1　　　④ $\ln 2$　　　⑤ $2 \ln 2$

| 무리수 e의 정의를 이용한 함수의 극한 |

8854-0059

5 $\lim\limits_{x \to \infty} \dfrac{\log_2 \left(1 + \dfrac{1}{x} \right)}{e^{\frac{2}{x}} - 1}$의 값은?

① $\dfrac{1}{2 \ln 2}$　　　② $\dfrac{1}{\ln 2}$　　　③ $\ln 2$　　　④ $2 \ln 2$　　　⑤ $3 \ln 2$

1 지수함수의 도함수

(1) 지수함수 $y=e^x$의 도함수는 도함수의 정의에 의하여①

$$y'=\lim_{h\to 0}\frac{e^{x+h}-e^x}{h}=\lim_{h\to 0}\frac{e^x(e^h-1)}{h}$$

$$=e^x\times\lim_{h\to 0}\frac{e^h-1}{h}=e^x\times 1=e^x$$

따라서 지수함수 $y=e^x$에 대하여 $y'=e^x$이다.

(2) 지수함수 $y=a^x$의 도함수는 도함수의 정의에 의하여

$$y'=\lim_{h\to 0}\frac{a^{x+h}-a^x}{h}=\lim_{h\to 0}\frac{a^x(a^h-1)}{h}$$

$$=a^x\times\lim_{h\to 0}\frac{a^h-1}{h}=a^x\times\ln a$$

$$=a^x\ln a$$

따라서 지수함수 $y=a^x\,(a>0,\ a\neq 1)$에 대하여 $y'=a^x\ln a$이다.

Plus

❶ 미분가능한 함수 $f(x)$의 도함수 $f'(x)$는

$$f'(x)=\lim_{h\to 0}\frac{f(x+h)-f(x)}{h}$$

예
① 함수 $y=e^{x+1}$에 대하여
$$y'=(e^{x+1})'=(e\times e^x)'$$
$$=e\times e^x=e^{x+1}$$
② 함수 $y=xe^x$에 대하여
$$y'=(xe^x)'$$
$$=(x)'e^x+x(e^x)'$$
$$=e^x+xe^x$$
$$=(x+1)e^x$$
③ 함수 $y=2^x$에 대하여
$$y'=(2^x)'=2^x\ln 2$$
④ 함수 $y=x\times 2^x$에 대하여
$$y'=(x\times 2^x)'$$
$$=(x)'2^x+x(2^x)'$$
$$=2^x+x\times 2^x\ln 2$$
$$=2^x(1+x\ln 2)$$

 1

다음 함수를 미분하시오.

(1) $y=(x+1)e^x$ 　　　　　　　　　(2) $y=3^x(x+1)$

풀이 (1) $y'=\{(x+1)e^x\}'=(x+1)'e^x+(x+1)(e^x)'=e^x+(x+1)\times e^x=(x+2)e^x$

　　미분가능한 두 함수 $f(x),\ g(x)$에 대하여
　　$\{f(x)g(x)\}'=f'(x)g(x)+f(x)g'(x)$

(2) $(3^x)'=3^x\ln 3$이므로

$$y'=\{3^x(x+1)\}'=(3^x)'(x+1)+3^x(x+1)'=3^x\ln 3(x+1)+3^x=3^x\{(x+1)\ln 3+1\}$$

　　　　　　　　　답 (1) $y'=(x+2)e^x$ 　(2) $y'=3^x\{(x+1)\ln 3+1\}$

○ 8854-0060

1 함수 $f(x)=(2x-3)e^x$에 대하여 $f'(0)f'(1)$의 값은?

① $-e$ 　　　② $-\dfrac{1}{e}$ 　　　③ 1 　　　④ $\dfrac{1}{e}$ 　　　⑤ e

○ 8854-0061

2 함수 $f(x)=2^x(e^x+1)$에 대하여 $f'(0)$의 값은?

① $-2+2\ln 2$ 　② $-1+2\ln 2$ 　③ $2\ln 2$ 　④ $1+2\ln 2$ 　⑤ $2+2\ln 2$

2 로그함수의 도함수

(1) 로그함수 $y=\ln x$의 도함수는 도함수의 정의에 의하여

$$y'=\lim_{h \to 0}\frac{\ln(x+h)-\ln x}{h}$$

$$=\lim_{h \to 0}\left\{\frac{1}{x}\times\frac{x}{h}\times\ln\left(1+\frac{h}{x}\right)\right\}$$

$$=\frac{1}{x}\times\lim_{h \to 0}\ln\left(1+\frac{h}{x}\right)^{\frac{x}{h}}=\frac{1}{x}\times\ln e=\frac{1}{x}$$

따라서 로그함수 $y=\ln x$에 대하여 $y'=\dfrac{1}{x}$이다.

(2) 로그함수 $y=\log_a x\,(a>0,\ a\neq1)$의 도함수는 로그의 밑의 변환 공식과 $y=\ln x$ 의 도함수를 이용하여 다음과 같이 구할 수 있다.

$$y'=\left(\frac{\ln x}{\ln a}\right)'=\frac{1}{\ln a}\times(\ln x)'$$

$$=\frac{1}{\ln a}\times\frac{1}{x}=\frac{1}{x\ln a}$$

Plus

❶ $a>0,\ a\neq0$일 때

$$\log_a x=\frac{\log_e x}{\log_e a}=\frac{\ln x}{\ln a}$$

예

함수 $y=\log_2\dfrac{1}{x}$에 대하여

$$y'=\left(\log_2\frac{1}{x}\right)'$$

$$=(\log_2 x^{-1})'$$

$$=(-\log_2 x)'$$

$$=-\frac{1}{x\ln 2}$$

 2 다음 함수를 미분하시오.

(1) $y=\ln x+\log_2 x$ (2) $y=e^x\ln x$

풀이 (1) $y'=(\ln x+\log_2 x)'=(\ln x)'+(\log_2 x)'=\dfrac{1}{x}+\dfrac{1}{x\ln 2}=\dfrac{1+\ln 2}{x\ln 2}$

(2) $y'=(e^x\ln x)'=(e^x)'\ln x+e^x(\ln x)'=e^x\ln x+e^x\times\dfrac{1}{x}=e^x\left(\ln x+\dfrac{1}{x}\right)$

답 (1) $y'=\dfrac{1+\ln 2}{x\ln 2}$ (2) $y'=e^x\left(\ln x+\dfrac{1}{x}\right)$

○ 8854-0062

3 함수 $f(x)=(2x-3)\ln x$에 대하여 $f'(2)$의 값은?

① $-1+2\ln 2$ ② $-\dfrac{1}{2}+2\ln 2$ ③ $2\ln 2$ ④ $\dfrac{1}{2}+2\ln 2$ ⑤ $1+2\ln 2$

○ 8854-0063

4 함수 $f(x)=e^{2x}\log_3 x$에 대하여 $f'(1)$의 값은?

① $\dfrac{e}{\ln 2}$ ② $\dfrac{2e^2}{\ln 2}$ ③ $\dfrac{e^2}{\ln 3}$ ④ $\dfrac{2e^2}{\ln 3}$ ⑤ $\dfrac{3e^2}{\ln 3}$

❸ 함수 csc x, sec x, cot x의 정의와 삼각함수의 덧셈정리

(1) 함수 csc x, sec x, cot x의 정의

오른쪽 그림과 같이 중심이 원점 O이고 반지름의 길이가 r인 원 위의 한 점을 P(x, y)라 하고 동경 OP가 나타내는 각의 크기를 θ라 할 때,

① 코시컨트함수 $\csc \theta = \dfrac{r}{y}$ $(y \neq 0)$ ➡ $\csc x = \dfrac{1}{\sin x}$

② 시컨트함수 $\sec \theta = \dfrac{r}{x}$ $(x \neq 0)$ ➡ $\sec x = \dfrac{1}{\cos x}$

③ 코탄젠트함수 $\cot \theta = \dfrac{x}{y}$ $(y \neq 0)$ ➡ $\cot x = \dfrac{1}{\tan x}$

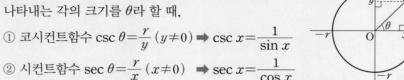

(2) 삼각함수의 덧셈정리

삼각함수의 덧셈정리는 두 각 α, β의 삼각함수를 이용하여 $\alpha+\beta$와 $\alpha-\beta$의 삼각함수를 나타내는 방법이다.

① 사인함수의 덧셈정리
$$\sin(\alpha+\beta) = \sin\alpha\cos\beta + \cos\alpha\sin\beta$$
$$\sin(\alpha-\beta) = \sin\alpha\cos\beta - \cos\alpha\sin\beta$$

② 코사인함수의 덧셈정리
$$\cos(\alpha+\beta) = \cos\alpha\cos\beta - \sin\alpha\sin\beta$$
$$\cos(\alpha-\beta) = \cos\alpha\cos\beta + \sin\alpha\sin\beta$$

③ 탄젠트함수의 덧셈정리
$$\tan(\alpha+\beta) = \frac{\tan\alpha + \tan\beta}{1 - \tan\alpha\tan\beta}$$
$$\tan(\alpha-\beta) = \frac{\tan\alpha - \tan\beta}{1 + \tan\alpha\tan\beta}$$

Plus

❶ csc, sec, cot는 각각 cosecant, secant, cotangent의 약자이다.

❷ $\sin 75°$
$= \sin(30° + 45°)$
$= \sin 30° \cos 45°$
$\quad + \cos 30° \sin 45°$
$= \dfrac{1}{2} \times \dfrac{\sqrt{2}}{2} + \dfrac{\sqrt{3}}{2} \times \dfrac{\sqrt{2}}{2}$
$= \dfrac{\sqrt{2} + \sqrt{6}}{4}$

❸ $\cos 75°$
$= \cos(30° + 45°)$
$= \cos 30° \cos 45°$
$\quad - \sin 30° \sin 45°$
$= \dfrac{\sqrt{3}}{2} \times \dfrac{\sqrt{2}}{2} - \dfrac{1}{2} \times \dfrac{\sqrt{2}}{2}$
$= \dfrac{\sqrt{6} - \sqrt{2}}{4}$

❹ $\tan 75°$
$= \tan(30° + 45°)$
$= \dfrac{\tan 30° + \tan 45°}{1 - \tan 30° \tan 45°}$
$= \dfrac{\dfrac{\sqrt{3}}{3} + 1}{1 - \dfrac{\sqrt{3}}{3} \times 1}$
$= 2 + \sqrt{3}$

(예제 3) α, β가 예각이고 $\sin\alpha = \dfrac{1}{2}$, $\cos\beta = \dfrac{1}{4}$일 때, $8\sin(\alpha+\beta)$의 값을 구하시오.

풀이 α, β가 예각일 때, $\cos\alpha > 0$, $\sin\beta > 0$이므로

$$\cos\alpha = \sqrt{1 - \sin^2\alpha} = \sqrt{1 - \left(\frac{1}{2}\right)^2} = \sqrt{\frac{3}{4}} = \frac{\sqrt{3}}{2}, \ \sin\beta = \sqrt{1 - \cos^2\beta} = \sqrt{1 - \left(\frac{1}{4}\right)^2} = \sqrt{\frac{15}{16}} = \frac{\sqrt{15}}{4}$$

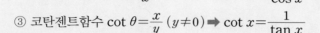

$\sin^2\alpha + \cos^2\alpha = 1$임을 이용한다.

따라서

$$8\sin(\alpha+\beta) = 8 \times (\sin\alpha\cos\beta + \cos\alpha\sin\beta) = 8 \times \left(\frac{1}{2} \times \frac{1}{4} + \frac{\sqrt{3}}{2} \times \frac{\sqrt{15}}{4}\right) = 8 \times \left(\frac{1}{8} + \frac{3\sqrt{5}}{8}\right) = 1 + 3\sqrt{5}$$

답 $1 + 3\sqrt{5}$

(유제) ○ 8854-0064

5 α, β가 예각이고 $\sin\alpha = \dfrac{1}{3}$, $\cos\beta = \dfrac{1}{2}$일 때, $6\cos(\alpha-\beta)$의 값을 구하시오.

❹ 삼각함수의 극한

(1) 삼각함수의 극한

삼각함수의 그래프에서 다음이 성립함을 알 수 있다.

① 임의의 실수 a에 대하여 $\lim\limits_{x \to a} \sin x = \sin a$, $\lim\limits_{x \to a} \cos x = \cos a$이다.

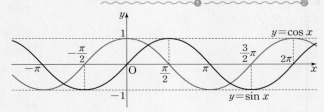

② $a \neq n\pi + \dfrac{\pi}{2}$ (n은 정수)인 임의의 실수 a에 대하여 $\lim\limits_{x \to a} \tan x = \tan a$이다.

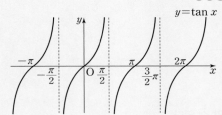

Plus

❶ $\lim\limits_{x \to 0} \sin x = \sin 0 = 0$

$\lim\limits_{x \to \frac{\pi}{2}} \sin x = \sin \dfrac{\pi}{2} = 1$

❷ $\lim\limits_{x \to 0} \cos x = \cos 0 = 1$

$\lim\limits_{x \to \frac{\pi}{2}} \cos x = \cos \dfrac{\pi}{2} = 0$

❸ $\lim\limits_{x \to 0} \tan x = \tan 0 = 0$

$\lim\limits_{x \to \frac{\pi}{4}} \tan x = \tan \dfrac{\pi}{4} = 1$

$\lim\limits_{x \to \frac{\pi}{2}^-} \tan x = \infty$

$\lim\limits_{x \to \frac{\pi}{2}^+} \tan x = -\infty$

❹ 함수 $y = \dfrac{\sin x}{x}$의 그래프

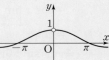

(2) $\lim\limits_{x \to 0} \dfrac{\sin x}{x}$의 극한값

$$\lim_{x \to 0} \frac{\sin x}{x} = 1 \ (\text{단, } x\text{의 단위는 라디안})$$

예 $\lim\limits_{x \to 0} \dfrac{\sin 2x}{x} = \lim\limits_{x \to 0} \left(2 \times \dfrac{\sin 2x}{2x} \right) = 2 \lim\limits_{x \to 0} \dfrac{\sin 2x}{2x} = 2 \times 1 = 2$

$\lim\limits_{x \to 0} \dfrac{\sin 2x}{3x} = \lim\limits_{x \to 0} \left(\dfrac{\sin 2x}{2x} \times \dfrac{2}{3} \right) = \dfrac{2}{3} \lim\limits_{x \to 0} \dfrac{\sin 2x}{2x} = \dfrac{2}{3} \times 1 = \dfrac{2}{3}$

 4 $\lim\limits_{x \to 0} \dfrac{\tan x}{x}$의 값을 구하시오.

풀이 $\lim\limits_{x \to 0} \dfrac{\tan x}{x} = \lim\limits_{x \to 0} \dfrac{\sin x}{x \cos x} = \lim\limits_{x \to 0} \left(\dfrac{\sin x}{x} \times \dfrac{1}{\cos x} \right) = \lim\limits_{x \to 0} \dfrac{\sin x}{x} \times \lim\limits_{x \to 0} \dfrac{1}{\cos x} = 1 \times \dfrac{1}{1} = 1$

目 1

○ 8854-0065

 6 $\lim\limits_{x \to 0} \dfrac{1 - \cos x}{x}$의 값을 구하시오.

5 삼각함수의 미분

(1) 사인함수의 도함수

삼각함수 $y=\sin x$에 대하여 $y'=\cos x$ ➡ $(\sin x)'=\cos x$

(2) 코사인함수의 도함수

삼각함수 $y=\cos x$에 대하여 $y'=-\sin x$ ➡ $(\cos x)'=-\sin x$

[설명] 삼각함수 $y=\sin x$에서

$$y'=\lim_{h\to 0}\frac{\sin(x+h)-\sin x}{h} \qquad ①$$

$$=\lim_{h\to 0}\frac{\sin x\cos h+\cos x\sin h-\sin x}{h} \qquad ②$$

$$=\lim_{h\to 0}\frac{\cos x\sin h-\sin x(1-\cos h)}{h}$$

$$=\lim_{h\to 0}\frac{\cos x\sin h}{h}-\lim_{h\to 0}\frac{\sin x(1-\cos h)}{h}$$

$$=\cos x\lim_{h\to 0}\frac{\sin h}{h}-\sin x\lim_{h\to 0}\frac{1-\cos h}{h} \qquad ③$$

$$=\cos x$$

즉, $y=\sin x$이면 $y'=\cos x$이다.

같은 방법으로 $y=\cos x$이면 $y'=-\sin x$임을 알 수 있다.

Plus

❶ $f'(x)$
$$=\lim_{h\to 0}\frac{f(x+h)-f(x)}{h}$$

❷ $\sin(\alpha+\beta)$
$$=\sin\alpha\cos\beta$$
$$\qquad +\cos\alpha\sin\beta$$

❸ $\lim_{x\to a}f(x)$가 존재할 때
$$\lim_{x\to a}cf(x)=c\lim_{x\to a}f(x)$$
(단, c는 상수)

$$\lim_{h\to 0}\frac{\sin h}{h}=1$$

$$\lim_{h\to 0}\frac{1-\cos h}{h}=0$$

---

 5 다음 함수를 미분하시오.

(1) $y=\sin x+\cos x$ 　　　　　　 (2) $y=\sin x\cos x$

풀이 $y=\sin x$에 대하여 $y'=\cos x$이고 $y=\cos x$에 대하여 $y'=-\sin x$이므로

(1) $y=\sin x+\cos x$에서

$y'=(\sin x+\cos x)'=(\sin x)'+(\cos x)'=\cos x+(-\sin x)=\cos x-\sin x$

(2) $y=\sin x\cos x$에서

$y'=(\sin x\cos x)'=(\sin x)'\cos x+\sin x(\cos x)'=\cos x\cos x+\sin x(-\sin x)=\underline{\cos^2 x-\sin^2 x}$

$\cos^2 x-\sin^2 x=\cos 2x$이므로 $y'=\cos 2x$라고 할 수도 있다.

답 (1) $y'=\cos x-\sin x$　(2) $y'=\cos^2 x-\sin^2 x$ (또는 $y'=\cos 2x$)

 　🔵 8854-0066

7 함수 $f(x)=2\sin x-\cos^2 x$에 대하여 $f'\left(\dfrac{\pi}{4}\right)$의 값은?

① $1-\sqrt{2}$ 　　　 ② $\dfrac{1-\sqrt{2}}{2}$ 　　　 ③ $\dfrac{1+\sqrt{2}}{2}$ 　　　 ④ $1+\sqrt{2}$ 　　　 ⑤ $1+2\sqrt{2}$

🔵 8854-0067

8 함수 $f(x)=e^x\sin x+\cos x\ln x$에 대하여 $f'(\pi)$의 값을 구하시오.

| 지수함수의 도함수 |

● 8854-0068

1 함수 $f(x)=x^2 e^x$에 대하여 $\lim\limits_{x \to 1}\dfrac{f(x)-f(1)}{x-1}$의 값은?

① $\dfrac{1}{4}e$ ② $\dfrac{1}{3}e$ ③ e ④ $3e$ ⑤ $4e$

| 로그함수의 도함수 |

● 8854-0069

2 함수 $f(x)=x^2 \ln ax$에 대하여 $f'\left(\dfrac{e}{a}\right)=\dfrac{e}{3}$를 만족시키는 양의 실수 a의 값은?

① 3 ② 6 ③ 9 ④ 12 ⑤ 15

| 삼각함수의 덧셈정리 |

● 8854-0070

3 $0 \le x \le 2\pi$에서 함수 $f(x)=\sin\left(x+\dfrac{\pi}{6}\right)+\cos\left(x+\dfrac{\pi}{3}\right)$의 최댓값은?

① 0 ② $\dfrac{1}{2}$ ③ $\dfrac{\sqrt{2}}{2}$ ④ $\dfrac{\sqrt{3}}{2}$ ⑤ 1

| 삼각함수의 극한 |

● 8854-0071

4 $\lim\limits_{x \to 0}(\csc x - \cot x)$의 값은?

① -1 ② $-\dfrac{1}{2}$ ③ 0 ④ $\dfrac{1}{2}$ ⑤ 1

| 삼각함수의 미분 |

● 8854-0072

5 함수 $f(x)=e^x(\sin x+\cos x)$에 대하여 함수 $g(x)$를 $g(x)=\lim\limits_{h \to 0}\dfrac{f(x+h)-f(x-h)}{h}$라 할 때, $g(0)$의 값은?

① $\dfrac{1}{4}$ ② $\dfrac{1}{2}$ ③ 1 ④ 2 ⑤ 4

1 함수의 몫의 미분법

(1) 두 함수 $f(x)$, $g(x)$ $(g(x) \neq 0)$가 미분가능할 때

① 함수 $y = \dfrac{1}{g(x)}$의 도함수는 $y' = \dfrac{-g'(x)}{\{g(x)\}^2}$

② 함수 $y = \dfrac{f(x)}{g(x)}$의 도함수는 $y' = \dfrac{f'(x)g(x) - f(x)g'(x)}{\{g(x)\}^2}$ ❶

(2) 함수 $y = x^n$ (n은 정수)의 도함수

n이 정수일 때, 함수 $y = x^n$의 도함수는 $y' = nx^{n-1}$

(3) 여러 가지 삼각함수의 도함수

여러 가지 삼각함수의 도함수는 몫의 미분법을 이용하여 다음과 같이 구할 수 있다.

① 함수 $y = \tan x$의 도함수는 $y' = \sec^2 x$

② 함수 $y = \sec x$의 도함수는 $y' = \sec x \tan x$

③ 함수 $y = \cot x$의 도함수는 $y' = -\csc^2 x$

④ 함수 $y = \csc x$의 도함수는 $y' = -\csc x \cot x$

참고 $y = \sin x$이면 $y' = \cos x$이고 $y = \cos x$이면 $y' = -\sin x$이다.

Plus

❶ 함수 $y = \dfrac{f(x)}{g(x)}$에서

$\dfrac{f(x)}{g(x)} = f(x) \times \dfrac{1}{g(x)}$

이므로 곱의 미분법을 이용하여 설명할 수 있다.

예

① $y = \dfrac{1}{x}$의 도함수는

$y' = -\dfrac{(x)'}{x^2} = -\dfrac{1}{x^2}$

② $y = x^{-2}$의 도함수는
$y' = (x^{-2})'$
$= -2x^{-2-1}$
$= -2x^{-3}$

③ $y = x \tan x$의 도함수는
$y' = (x)' \tan x$
$\quad + x(\tan x)'$
$= \tan x + x \sec^2 x$

---

 1 함수 $f(x) = \dfrac{x}{x+1}$에 대하여 $\displaystyle\lim_{x \to 1} \dfrac{f'(0)f(x) - \dfrac{1}{2}f'(0)}{x-1}$의 값을 구하시오.

풀이 $f(x) = \dfrac{x}{x+1}$에서 $f(1) = \dfrac{1}{2}$이고,

$f'(x) = \left(\dfrac{x}{x+1}\right)' = \dfrac{(x)'(x+1) - x(x+1)'}{(x+1)^2} = \dfrac{x+1-x}{(x+1)^2} = \dfrac{1}{(x+1)^2}$

따라서

$$\lim_{x \to 1} \dfrac{f'(0)f(x) - \dfrac{1}{2}f'(0)}{x-1} = \lim_{x \to 1}\left\{f'(0) \times \dfrac{f(x) - \dfrac{1}{2}}{x-1}\right\} = f'(0) \times \lim_{x \to 1}\dfrac{f(x) - \dfrac{1}{2}}{x-1}$$

$$= f'(0) \times \lim_{x \to 1}\dfrac{f(x) - f(1)}{x-1} = f'(0) \times f'(1) = 1 \times \dfrac{1}{4} = \dfrac{1}{4}$$

답 $\dfrac{1}{4}$

 유제

◔ 8854-0073

1 함수 $f(x) = \dfrac{1}{x^3} - \dfrac{1}{x}$에 대하여 $f'(-1)$의 값은?

① -2 ② -1 ③ 0 ④ 1 ⑤ 2

◔ 8854-0074

2 함수 $f(x) = \sec x \csc x$에 대하여 $\displaystyle\lim_{x \to \frac{\pi}{4}} \dfrac{f(x) - f\left(\dfrac{\pi}{4}\right)}{x - \dfrac{\pi}{4}}$의 값을 구하시오.

2 합성함수의 미분법

Plus

두 함수 $y=f(u)$, $u=g(x)$가 미분가능할 때, 합성함수 $y=f(g(x))$도 미분가능하며 그 도함수는

$$\frac{dy}{dx}=\frac{dy}{du}\times\frac{du}{dx} \text{ 또는 } y'=\{f(g(x))\}'=f'(g(x))g'(x)$$

설명 함수 $u=g(x)$에서 x의 증분 $\varDelta x$에 대한 u의 증분을 $\varDelta u$라 하고, 함수 $y=f(u)$에서 u의 증분 $\varDelta u$에 대한 y의 증분을 $\varDelta y$라 하면

$$\frac{\varDelta y}{\varDelta x}=\frac{\varDelta y}{\varDelta u}\times\frac{\varDelta u}{\varDelta x} \text{ (단, } \varDelta u\neq0)$$

두 함수 $y=f(u)$, $u=g(x)$는 미분가능하므로

$$\lim_{\varDelta u\to0}\frac{\varDelta y}{\varDelta u}=\frac{dy}{du}, \ \lim_{\varDelta x\to0}\frac{\varDelta u}{\varDelta x}=\frac{du}{dx}$$

미분가능한 함수 $u=g(x)$는 연속이므로 $\varDelta x\to0$일 때, $\varDelta u\to0$이다. ❶

따라서

$$\frac{dy}{dx}=\lim_{\varDelta x\to0}\frac{\varDelta y}{\varDelta x}=\lim_{\varDelta x\to0}\left(\frac{\varDelta y}{\varDelta u}\times\frac{\varDelta u}{\varDelta x}\right)=\lim_{\varDelta u\to0}\frac{\varDelta y}{\varDelta u}\times\lim_{\varDelta x\to0}\frac{\varDelta u}{\varDelta x}=\frac{dy}{du}\times\frac{du}{dx}$$

또한

$$\frac{dy}{dx}=\{f(g(x))\}'\text{이고 }\lim_{\varDelta u\to0}\frac{\varDelta y}{\varDelta u}=\frac{dy}{du}=f'(u)=f'(g(x)), \ \lim_{\varDelta x\to0}\frac{\varDelta u}{\varDelta x}=\frac{du}{dx}=g'(x)$$

이므로 $y'=\{f(g(x))\}'=f'(g(x))g'(x)$이다.

Plus

❶ 함수 $u=g(x)$가 연속이면

$$\lim_{\varDelta x\to0}\varDelta u$$
$$=\lim_{\varDelta x\to0}\{g(x+\varDelta x)-g(x)\}$$
$$=g(x)-g(x)$$
$$=0$$

참고

미분가능한 함수 $f(x)$에 대하여

함수 $y=\{f(x)\}^n$ (n은 정수)

의 도함수는

$$y'=n\{f(x)\}^{n-1}f'(x)$$

예제 **2** 다음 함수를 미분하시오.

(1) $y=(x^2+2x)^4$ (2) $y=\sin(2x+1)$

풀이 (1) $y=(x^2+2x)^4$에서 $u=x^2+2x$로 놓으면 $y=u^4$이므로

$$\frac{dy}{du}=(u^4)'=4u^3, \ \frac{du}{dx}=(x^2+2x)'=2x+2$$

따라서

$$y'=\frac{dy}{dx}=\frac{dy}{du}\times\frac{du}{dx}$$
$$=4u^3\times(2x+2)=4(x^2+2x)^3\times(2x+2)=8x^3(x+1)(x+2)^3$$

(2) $y=\sin(2x+1)$에서 $u=2x+1$로 놓으면 $y=\sin u$이므로

$$\frac{dy}{du}=(\sin u)'=\cos u, \ \frac{du}{dx}=(2x+1)'=2$$

따라서

$$y'=\frac{dy}{dx}=\frac{dy}{du}\times\frac{du}{dx}=\cos u\times2=2\cos(2x+1)$$

답 (1) $y'=8x^3(x+1)(x+2)^3$ (2) $y'=2\cos(2x+1)$

유제

❍ 8854-0075

3 함수 $f(x)=\ln(x^3+2x^2)$에 대하여 $\displaystyle\lim_{x\to1}\frac{f(x)-f(1)}{x-1}$의 값을 구하시오.

❸ 지수함수, 로그함수와 $y=x^a$ (a는 실수)의 도함수

합성함수의 미분법을 이용하여 지수함수와 로그함수의 도함수를 구할 수 있다.

(1) 지수함수의 도함수

미분가능한 함수 $f(x)$에 대하여

① 함수 $y=e^{f(x)}$의 도함수는 $y'=e^{f(x)}f'(x)$

② 함수 $y=a^{f(x)}$ ($a>0$, $a\neq1$)의 도함수는 $y'=a^{f(x)}f'(x)\ln a$

(2) 로그함수의 도함수

① 함수 $y=\ln|x|$의 도함수는 $y'=\dfrac{1}{x}$

② 함수 $y=\log_a|x|$ ($a>0$, $a\neq1$)의 도함수는 $y'=\dfrac{1}{x\ln a}$

③ 미분가능한 함수 $f(x)$에 대하여 $f(x)\neq0$일 때

함수 $y=\ln|f(x)|$의 도함수는 $y'=\dfrac{f'(x)}{f(x)}$

(3) 함수 $y=x^a$ (a는 실수, $x>0$)의 도함수

실수 a에 대하여 함수 $y=x^a$ ($x>0$)의 도함수는 $y'=ax^{a-1}$

Plus

❶ ① 함수 $y=e^x$에 대하여
$y'=e^x$

② 함수 $y=a^x$
$\qquad(a>0$, $a\neq1)$
에 대하여
$y'=a^x\ln a$

❷ ① 함수 $y=\ln x$에 대하여
$y'=\dfrac{1}{x}$

② 함수 $y=\log_a x$
$\qquad(a>0$, $a\neq1)$
에 대하여
$y'=\dfrac{1}{x\ln a}$

❸ 함수 $y=x^n$에 대하여
$y'=nx^{n-1}$

예제 3 다음 함수를 미분하시오.

(1) $y=xe^{2x}$
(2) $y=\ln|\sin x|$
(3) $y=\sqrt{x}$

풀이 (1) $y'=(xe^{2x})'=(x)'e^{2x}+x(e^{2x})'=e^{2x}+x\times2e^{2x}=e^{2x}(1+2x)$
$\qquad\qquad\underbrace{(e^{2x})'=\{(e^2)^x\}'=(e^2)^x\ln e^2=2e^{2x}}$

(2) $y'=(\ln|\sin x|)'=\dfrac{(\sin x)'}{\sin x}=\dfrac{\cos x}{\sin x}=\cot x$
$\qquad\qquad\quad\underbrace{(\sin x)'=\cos x}$

(3) $y'=(\sqrt{x})'=(x^{\frac{1}{2}})'=\dfrac{1}{2}x^{\frac{1}{2}-1}=\dfrac{1}{2}x^{-\frac{1}{2}}=\dfrac{1}{2}\times\dfrac{1}{\sqrt{x}}=\dfrac{1}{2\sqrt{x}}$

답 (1) $y'=e^{2x}(1+2x)$ (2) $y'=\cot x$ (3) $y'=\dfrac{1}{2\sqrt{x}}$

○ 8854-0076

4 함수 $f(x)=2xe^{3x+a}$에 대하여 $\displaystyle\lim_{x\to1}\dfrac{f(x)-f(1)}{x-1}=8e^5$일 때, 상수 a의 값은?

① 2
② 3
③ 4
④ 5
⑤ 6

○ 8854-0077

5 $0<x<\dfrac{\pi}{4}$일 때, 곡선 $y=\ln(\tan x)$ 위의 점 $(a, \ln(\tan a))$에서의 접선의 기울기가 $\dfrac{5}{2}$이다. $\tan a$의 값은? (단, a는 상수이다.)

① $\dfrac{1}{6}$
② $\dfrac{1}{5}$
③ $\dfrac{1}{4}$
④ $\dfrac{1}{3}$
⑤ $\dfrac{1}{2}$

❹ 매개변수로 나타낸 함수의 미분법

(1) 매개변수로 나타낸 함수

두 변수 x, y 사이의 관계를 변수 t를 매개로 하여

$$x=f(t), \ y=g(t)$$

의 꼴로 나타낼 때, 변수 t를 매개변수라 하고, $x=f(t)$, $y=g(t)$를 매개변수로 나타낸 함수라고 한다.

(2) 매개변수로 나타낸 함수의 미분법

매개변수로 나타낸 함수

$$x=f(t), \ y=g(t)$$

에서 $f(t)$, $g(t)$가 미분가능하고 $f'(t) \neq 0$일 때,

$$\frac{dy}{dx} = \frac{\dfrac{dy}{dt}}{\dfrac{dx}{dt}} = \frac{g'(t)}{f'(t)}$$

❶

Plus

❶ 매개변수로 나타내어진 함수 $x=2t$, $y=t^2$에 대하여

$$\frac{dx}{dt}=2, \ \frac{dy}{dt}=2t$$

이므로

$$\frac{dy}{dx} = \frac{\dfrac{dy}{dt}}{\dfrac{dx}{dt}} = \frac{2t}{2} = t$$

 예제 4 매개변수 $t \ (t>0)$로 나타내어진 함수 $x=t^3+3t^2$, $y=2t^3-2t^2+t$에 대하여 $t=1$일 때 $\dfrac{dy}{dx}$의 값을 구하시오.

풀이 $x=t^3+3t^2$에서 $\dfrac{dx}{dt}=(t^3+3t^2)'=(t^3)'+(3t^2)'=3t^2+3\times 2t=3t^2+6t$

$y=2t^3-2t^2+t$에서 $\dfrac{dy}{dt}=(2t^3-2t^2+t)'=2\times 3t^2-2\times 2t+1=6t^2-4t+1$

이고, 매개변수로 나타낸 함수의 미분법에 의하여

$$\frac{dy}{dx} = \frac{\dfrac{dy}{dt}}{\dfrac{dx}{dt}} = \frac{6t^2-4t+1}{3t^2+6t}$$

따라서 $t=1$일 때 $\dfrac{dy}{dx} = \dfrac{6\times 1^2-4\times 1+1}{3\times 1^2+6\times 1} = \dfrac{3}{9} = \dfrac{1}{3}$

답 $\dfrac{1}{3}$

🔘 8854-0078

 유제

6 매개변수 $t \ (t>0)$로 나타내어진 곡선 $x=t-\dfrac{1}{t}$, $y=t+\sqrt{t}$에 대하여 $t=4$에 대응하는 점에서의 $\dfrac{dy}{dx}$의 값을 구하시오.

🔘 8854-0079

7 매개변수 $\theta \ (0 \leq \theta \leq 2\pi)$로 나타내어진 곡선 $x=a\sin\theta$, $y=b\cos\theta$에 대하여 $\theta=\dfrac{\pi}{3}$에 대응하는 점에서의 $\dfrac{dy}{dx}$의 값이 $-\sqrt{3}$일 때, $\dfrac{b}{a}$의 값은? (단, a, b는 상수이다.)

① -2 ② $-\dfrac{3}{2}$ ③ 1 ④ $\dfrac{3}{2}$ ⑤ 2

03 여러 가지 미분법

5 음함수의 미분법

(1) 음함수

방정식 $f(x, y)=0$에서 x와 y의 값의 범위를 적당히 정하면 y는 x에 대한 함수가 된다. 이와 같은 의미에서 x에 대한 함수 y가

$$f(x, y)=0$$

의 꼴로 주어졌을 때, 이 방정식을 y의 x에 대한 음함수 표현이라고 한다.

예 원의 방정식 $x^2+y^2=1$은 $-1<x<1$인 임의의 x의 값에 대응되는 y의 값이 두 개이므로 y는 x에 대한 함수가 아니다. 그러나 y의 값의 범위를 $y \geq 0$ 또는 $y \leq 0$으로 정하면, 즉

$$y=\sqrt{1-x^2} \text{ 또는 } y=-\sqrt{1-x^2}$$

으로 놓으면 y는 x에 대한 함수가 된다.

(2) 음함수의 미분법[1]

x에 대한 함수 y가 음함수 $f(x, y)=0$의 꼴로 주어질 때에는 y를 x의 함수로 보고, 각 항을 x에 대하여 미분하여 $\dfrac{dy}{dx}$를 구한다.

> **Plus**
>
> ❶ 음함수의 미분법은 $f(x, y)=0$을 $y=g(x)$의 꼴로 고치기 어려울 때, 유용하게 사용된다.

---

 5 곡선 $x^2+y^2=1$ 위의 점 $\left(\dfrac{1}{3}, \dfrac{2\sqrt{2}}{3}\right)$에서의 $\dfrac{dy}{dx}$의 값을 구하시오.

풀이 음함수 $x^2+y^2=1$에서 y를 x의 함수로 보고 양변을 x에 대하여 미분하면

$$\frac{d}{dx}(x^2)+\frac{d}{dx}(y^2)-\frac{d}{dx}(1)=0$$

그런데 $\dfrac{d}{dx}(y^2)$는 합성함수의 미분법에 의하여 $\dfrac{d}{dy}(y^2)\dfrac{dy}{dx}$이므로

두 함수 $y=f(u)$, $u=g(x)$가 미분가능할 때, 합성함수 $y=f(g(x))$도 미분가능하며 그 도함수는
$\dfrac{dy}{dx}=\dfrac{dy}{du}\times\dfrac{du}{dx}$ 또는 $y'=\{f(g(x))\}'=f'(g(x))g'(x)$

$$\frac{d}{dx}(x^2)+\frac{d}{dy}(y^2)\frac{dy}{dx}-\frac{d}{dx}(1)=0$$

$$2x+2y\frac{dy}{dx}=0, \ \frac{dy}{dx}=-\frac{x}{y} \text{ (단, } y \neq 0)$$

이 식에 $x=\dfrac{1}{3}$, $y=\dfrac{2\sqrt{2}}{3}$를 대입하면

$$\frac{dy}{dx}=-\frac{\dfrac{1}{3}}{\dfrac{2\sqrt{2}}{3}}=-\frac{\sqrt{2}}{4}$$

답 $-\dfrac{\sqrt{2}}{4}$

---

8 곡선 $xy-1=0$ 위의 점 $\left(\dfrac{1}{2}, 2\right)$에서의 $\dfrac{dy}{dx}$의 값은?

◯ 8854-0080

① -4 ② -2 ③ $\dfrac{1}{4}$ ④ $\dfrac{1}{2}$ ⑤ 1

6 역함수의 미분법

역함수의 미분법을 이용하면 역함수를 직접 구하지 않고도 역함수의 미분계수를 구할 수 있다.

미분가능한 함수 $f(x)$의 역함수 $g(x)$가 존재하고 미분가능할 때, $y=g(x)$의 도함수는

$$g'(x)=\frac{1}{f'(g(x))} \ (단, \ f'(g(x))\neq 0)$$

설명 $f(x)$의 역함수가 $g(x)$이므로

$$f(g(x))=x$$

위 식의 양변을 x에 대하여 미분하면 합성함수의 미분법에 의하여 ①

$$f'(g(x))g'(x)=1$$

이므로

$$g'(x)=\frac{1}{f'(g(x))} \ (단, \ f'(g(x))\neq 0)$$

Plus

① 두 함수 $y=f(u)$, $u=g(x)$가 미분가능할 때, 합성함수 $y=f(g(x))$도 미분가능하며 그 도함수는
$$y'=\{f(g(x))\}'$$
$$=f'(g(x))g'(x)$$

II. 미분법

 예제 6 함수 $f(x)=x^3+2$의 역함수를 $g(x)$라 할 때, $g'(3)$의 값은?

① $\dfrac{1}{4}$ ② $\dfrac{1}{3}$ ③ $\dfrac{1}{2}$ ④ 1 ⑤ 2

풀이 함수 $g(x)$가 함수 $f(x)=x^3+2$의 역함수이므로 $g(3)=a$ (a는 실수)로 놓으면 $f(a)=3$ 이고

$$f(a)=a^3+2=3, \ a^3-1=0, \ (a-1)(a^2+a+1)=0$$

a는 실수이므로 $a=1$ 이차방정식 $a^2+a+1=0$의 판별식을 D라 하면

즉 $g(3)=1$ $D=1^2-4\times1\times1=-3<0$이므로 이차방정식을 만족시키는 실수 a는 존재하지 않는다.

또한 $f'(x)=(x^3+2)'=3x^2$이므로 $f'(1)=3$

따라서 $g'(3)=\dfrac{1}{f'(g(3))}=\dfrac{1}{f'(1)}=\dfrac{1}{3}$

답 ②

🔵 8854-0081

 유제 9 함수 $f(x)=(x+1)^3$의 역함수를 $g(x)$라 할 때, $g'(1)$의 값은?

① $\dfrac{1}{5}$ ② $\dfrac{1}{3}$ ③ 1 ④ 3 ⑤ 5

🔵 8854-0082

10 미분가능한 함수 $f(x)$의 역함수 $g(x)$에 대하여 $\displaystyle\lim_{x\to1}\frac{g(x)-2}{x-1}=3$이 성립할 때, $f'(2)+g'(1)$의 값은?

① 2 ② $\dfrac{8}{3}$ ③ $\dfrac{10}{3}$ ④ 4 ⑤ $\dfrac{14}{3}$

7 이계도함수

함수 $f(x)$의 도함수 $f'(x)$가 미분가능할 때, $f'(x)$의 도함수는

$$\lim_{h \to 0} \frac{f'(x+h)-f'(x)}{h}$$

와 같이 구할 수 있다. 이를 함수 $y=f(x)$의 **이계도함수**라 하고, 이것을 기호로

$$y'', \quad f''(x), \quad \frac{d^2y}{dx^2}, \quad \frac{d^2}{dx^2}f(x)$$ ❶

와 같이 나타낸다.

예 ① 함수 $y=x^4+x^3+x^2$이면 $y'=4x^3+3x^2+2x$이므로
$$y''=(4x^3+3x^2+2x)'=12x^2+6x+2$$

② 함수 $y=xe^x$이면 $y'=e^x+xe^x=(x+1)e^x$이므로
$$y''=\{(x+1)e^x\}'=(x+1)'e^x+(x+1)(e^x)'$$
$$=e^x+(x+1)e^x=(x+2)e^x$$

> **Plus**
>
> ❶ $\dfrac{dy}{dx}$를 x에 대하여 미분하면 $\dfrac{d}{dx}\left(\dfrac{dy}{dx}\right)$인데, 이것을 $\dfrac{d^2y}{dx^2}$과 같이 나타낸다.

예제 7 함수 $f(x)=e^x \sin x$의 이계도함수를 $g(x)$라 할 때, $g(\pi)$의 값은?

① $-2e^{\pi}$ ② $-e^{\pi}$ ③ $\dfrac{1}{2}e^{\pi}$ ④ e^{π} ⑤ $2e^{\pi}$

풀이 $f(x)=e^x \sin x$에서
$$f'(x)=(e^x \sin x)'=(e^x)'\sin x+e^x(\sin x)'=e^x \sin x+e^x \cos x=e^x(\sin x+\cos x)$$

미분가능한 두 함수 $f(x)$, $g(x)$에 대하여
$\{f(x)g(x)\}'=f'(x)g(x)+f(x)g'(x)$

이므로 함수 $y=f(x)$의 이계도함수 $y=g(x)$는
$$g(x)=f''(x)=\{e^x(\sin x+\cos x)\}'=(e^x)'(\sin x+\cos x)+e^x(\sin x+\cos x)'$$
$$=e^x(\sin x+\cos x)+e^x(\cos x-\sin x)=2e^x \cos x$$
따라서
$$g(\pi)=2e^{\pi} \cos \pi=-2e^{\pi}$$

답 ①

 유제

11 함수 $f(x)=x \cos x$에 대하여 $\dfrac{f'\left(\dfrac{\pi}{2}\right)}{f''\left(\dfrac{\pi}{2}\right)}$의 값은?

8854-0083

① $-\dfrac{\pi}{2}$ ② $-\dfrac{\pi}{3}$ ③ $\dfrac{\pi}{2}$ ④ $\dfrac{\pi}{3}$ ⑤ $\dfrac{\pi}{4}$

12 함수 $f(x)=\dfrac{\ln x}{x}$에 대하여 $\displaystyle\lim_{x \to e}\dfrac{f'(x)-f'(e)}{x-e}$의 값은?

8854-0084

① $-2e^{-3}$ ② $-e^{-3}$ ③ e^{-3} ④ e^3 ⑤ $2e^3$

기본 핵심 문제

| 함수의 몫의 미분법 |

8854-0085

1 함수 $f(x)=\dfrac{x^2+a}{x+b}$ 가 $f(2)=4$, $f'(1)=0$을 만족시킬 때, ab의 값은?

(단, a, b는 상수이고, $b\neq-1$, $b\neq-2$이다.)

① $\dfrac{3}{2}$ 　　② 2 　　③ $\dfrac{5}{2}$ 　　④ 3 　　⑤ $\dfrac{7}{2}$

| 합성함수의 미분법 |

8854-0086

2 함수 $f(x)=3x^3+2x^2+x+1$과 미분가능한 함수 $g(x)$에 대하여 함수 $h(x)$를 $h(x)=g(f(x))$라 하자. $h'(1)=7$일 때, $g'(7)$의 값은?

① $\dfrac{1}{2}$ 　　② $\dfrac{2}{3}$ 　　③ $\dfrac{3}{4}$ 　　④ $\dfrac{4}{5}$ 　　⑤ $\dfrac{5}{6}$

| 매개변수로 나타낸 함수의 미분법 |

8854-0087

3 매개변수 $\theta\left(0\leq\theta<\dfrac{\pi}{2}\right)$로 나타낸 곡선 $x=a\sec\theta$, $y=b\tan\theta$에 대하여 $\theta=\dfrac{\pi}{4}$에 대응하는 점에서의 $\dfrac{dy}{dx}$의 값이 3일 때, $\dfrac{b}{a}$의 값은? (단, a, b는 상수이다.)

① $\dfrac{\sqrt{2}}{2}$ 　　② $\sqrt{2}$ 　　③ $\dfrac{3\sqrt{2}}{2}$ 　　④ $2\sqrt{2}$ 　　⑤ $\dfrac{5\sqrt{2}}{2}$

| 음함수의 미분법 |

8854-0088

4 곡선 $3xy=5$ 위의 점 $\left(5,\dfrac{1}{3}\right)$에서의 $\dfrac{dy}{dx}$의 값은?

① $-\dfrac{3}{5}$ 　　② $-\dfrac{7}{15}$ 　　③ $-\dfrac{1}{3}$ 　　④ $-\dfrac{1}{5}$ 　　⑤ $-\dfrac{1}{15}$

| 이계도함수 |

8854-0089

5 함수 $f(x)=e^{ax+b}\cos x$에 대하여 $f'\left(\dfrac{\pi}{2}\right)=-1$, $\displaystyle\lim_{x\to0}\dfrac{f'(x)-f'(0)}{x}=e^b$일 때, ab의 값은?

(단, $a>0$, $b<0$이다.)

① -2π 　　② $-\pi$ 　　③ $-\dfrac{\pi}{4}$ 　　④ $-\dfrac{\pi}{3}$ 　　⑤ $-\dfrac{\pi}{2}$

1 접선의 방정식 (1)

함수 $f(x)$가 $x=a$에서 미분가능할 때, 곡선 $y=f(x)$ 위의 점 $(a, f(a))$에서의 접선의 방정식은

$$y-f(a)=f'(a)(x-a)$$

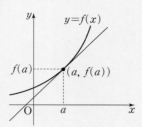

Plus

참고

① 접선의 기울기 m이 주어진 경우
접점의 좌표를 $(t, f(t))$라 하면 $f'(t)=m$이므로 t에 대한 방정식 $f'(t)=m$을 푼다.
② 접점이 아닌 점 (x_1, y_1)이 주어진 경우
접점의 좌표를 $(t, f(t))$라 하면 접선의 방정식이 $y-f(t)=f'(t)(x-t)$이므로 $x=x_1$, $y=y_1$을 각각 대입하여 t에 대한 방정식을 푼다.

예제 1 곡선 $y=\sin x \cos x$ 위의 점 $\left(\dfrac{3\pi}{2}, 0\right)$에서의 접선이 점 (π, a)를 지날 때, a의 값은?

① $\dfrac{\pi}{6}$ ② $\dfrac{\pi}{3}$ ③ $\dfrac{\pi}{2}$ ④ $\dfrac{2\pi}{3}$ ⑤ $\dfrac{5\pi}{6}$

풀이 $f(x)=\sin x \cos x$로 놓으면

$f'(x)=(\sin x)' \cos x + \sin x (\cos x)' = \cos x \cos x + \sin x(-\sin x)$
$\qquad = \cos^2 x - \sin^2 x$

$f'\left(\dfrac{3\pi}{2}\right) = \cos^2 \dfrac{3\pi}{2} - \sin^2 \dfrac{3\pi}{2} = -1$

따라서 곡선 위의 점 $\left(\dfrac{3\pi}{2}, 0\right)$에서의 접선의 방정식은

$y-0 = -\left(x - \dfrac{3\pi}{2}\right), \ y = -x + \dfrac{3\pi}{2}$

이 접선이 점 (π, a)를 지나므로

$a = -\pi + \dfrac{3\pi}{2} = \dfrac{\pi}{2}$

답 ③

● 8854-0090

1 곡선 $y = \ln(2x-4)$에 접하고 기울기가 2인 직선의 y절편은?

① -5 ② -4 ③ -3 ④ -2 ⑤ -1

● 8854-0091

2 점 $(1, 0)$에서 곡선 $y = -2xe^{4x}$에 그은 두 접선에 대하여 두 접점의 x좌표의 합은?

① $\dfrac{1}{3}$ ② $\dfrac{2}{3}$ ③ 1 ④ $\dfrac{4}{3}$ ⑤ $\dfrac{5}{3}$

② 접선의 방정식 (2)

(1) 매개변수로 나타낸 함수의 미분법을 이용한 접선의 방정식

두 함수 $f(t)$, $g(t)$가 미분가능할 때, 매개변수로 나타낸 함수 $x=f(t)$, $y=g(t)$ 에 대하여 이 곡선 위의 $t=t_1$에 대응하는 점 $(f(t_1), g(t_1))$에서의 접선의 기울기 는 매개변수로 나타낸 함수의 미분법으로 $\dfrac{dy}{dx}$를 구한 후 $t=t_1$을 대입하여 구한다. ❶

(2) 음함수의 미분법을 이용한 접선의 방정식

곡선 $f(x, y)=0$ 위의 점 (x_1, y_1)에서의 접선의 기울기는 음함수의 미분법으로 $\dfrac{dy}{dx}$를 구한 후 $x=x_1$, $y=y_1$을 각각 대입하여 구한다.

Plus

❶ 매개변수로 나타낸 함 수의 미분법에 의하여

$$\frac{dy}{dx}=\frac{\dfrac{dy}{dt}}{\dfrac{dx}{dt}}=\frac{g'(t)}{f'(t)}$$

이므로 $t=t_1$에 대응하는 점에서의 접선의 기울기 는 $\dfrac{g'(t_1)}{f'(t_1)}$

 2 매개변수로 나타낸 함수 $x=t^2+t$, $y=2t-1$에 대하여 이 곡선 위의 점 $(6, 3)$에서의 접선의 방정식을 구 하시오.

풀이 점 $(6, 3)$이 곡선 위의 점이므로

$t^2+t=6$에서 $t^2+t-6=0$, $(t+3)(t-2)=0$, $t=-3$ 또는 $t=2$

$2t-1=3$에서 $t=2$

따라서 $t=2$

즉, 점 $(6, 3)$은 $t=2$에 대응하는 점이다.

$\dfrac{dx}{dt}=2t+1$, $\dfrac{dy}{dt}=2$에서 $\dfrac{dy}{dx}=\dfrac{\dfrac{dy}{dt}}{\dfrac{dx}{dt}}=\dfrac{2}{2t+1}$

이므로 곡선 위의 점 $(6, 3)$에서의 접선의 기울기는 $\dfrac{2}{2\times 2+1}=\dfrac{2}{5}$

따라서 구하는 접선의 방정식은

$y-3=\dfrac{2}{5}(x-6)$, $y=\dfrac{2}{5}x+\dfrac{3}{5}$

답 $y=\dfrac{2}{5}x+\dfrac{3}{5}$

○ 8854-0092

 3 매개변수로 나타낸 함수 $x=2t-2$, $y=e^t$에 대하여 이 곡선 위의 $t=1$에 대응하는 점에서의 접선의 방정식 이 $y=ax+b$일 때, $\dfrac{a}{b}$의 값은? (단, a, b는 상수이다.)

① $\dfrac{1}{4}$ ② $\dfrac{1}{2}$ ③ 1   ④ 2   ⑤ 4

○ 8854-0093

4 곡선 $x^2+xy=6$ 위의 점 $(2, 1)$에서의 접선의 y절편은?

① 6   ② 7   ③ 8   ④ 9   ⑤ 10

3 함수의 극대와 극소

(1) 미분가능한 함수의 증가와 감소의 판정

함수 $f(x)$가 어떤 구간에서 미분가능하고, 이 구간의 모든 x에 대하여

① $f'(x)>0$이면 함수 $f(x)$는 이 구간에서 증가한다.

② $f'(x)<0$이면 함수 $f(x)$는 이 구간에서 감소한다.

(2) 미분가능한 함수의 극대와 극소의 판정

미분가능한 함수 $f(x)$에 대하여 $f'(a)=0$일 때, $x=a$의 좌우에서

① $f'(x)$의 부호가 양에서 음으로 바뀌면 함수 $f(x)$는 $x=a$에서 극대이다. ❶

② $f'(x)$의 부호가 음에서 양으로 바뀌면 함수 $f(x)$는 $x=a$에서 극소이다. ❷

(3) 이계도함수를 이용한 함수의 극대와 극소의 판정

이계도함수가 존재하는 함수 $f(x)$에 대하여 $f'(a)=0$일 때,

① $f''(a)<0$이면 함수 $f(x)$는 $x=a$에서 극대이다. ❸

② $f''(a)>0$이면 함수 $f(x)$는 $x=a$에서 극소이다.

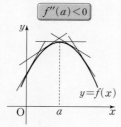
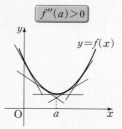

Plus

❶ $f(a)$를 함수 $f(x)$의 극댓값이라 한다.

❷ $f(a)$를 함수 $f(x)$의 극솟값이라 한다.

❸ $f'(a)=0$이므로
$$f''(a)=\lim_{x \to a}\frac{f'(x)}{x-a}$$
이때 $f''(a)<0$이면
(i) $x<a$일 때,
$$f''(a)$$
$$=\lim_{x \to a-}\frac{f'(x)}{x-a}<0$$
이므로 a보다 작으면서 a에 충분히 가까운 x에 대하여
$$f'(x)>0$$
(ii) $x>a$일 때,
$$f''(a)$$
$$=\lim_{x \to a+}\frac{f'(x)}{x-a}<0$$
이므로 a보다 크면서 a에 충분히 가까운 x에 대하여 $f'(x)<0$
즉, $x=a$의 좌우에서 $f'(x)$의 부호가 양에서 음으로 바뀌므로 $f(x)$는 $x=a$에서 극대이다.

예제 3 함수 $f(x)=x^2 e^{-x}$의 극댓값과 극솟값을 각각 구하시오.

풀이 $f'(x)=2xe^{-x}-x^2 e^{-x}=(2x-x^2)e^{-x}=x(2-x)e^{-x}$

$f'(x)=0$에서 $x=0$ 또는 $x=2$

$f''(x)=\{(2x-x^2)e^{-x}\}'=(2-2x)e^{-x}-(2x-x^2)e^{-x}=(x^2-4x+2)e^{-x}$

이므로 $f''(0)=2>0$, $f''(2)=-\dfrac{2}{e^2}<0$

즉, 함수 $f(x)$는 $x=2$에서 극대이고 $x=0$에서 극소이다.

$f'(a)=0$이고 $f''(a)<0$이면 $f(x)$는 $x=a$에서 극대이다. $f'(a)=0$이고 $f''(a)>0$이면 $f(x)$는 $x=a$에서 극소이다.

따라서 함수 $f(x)$의 극댓값은 $f(2)=\dfrac{4}{e^2}$, 극솟값은 $f(0)=0$이다.

🖪 극댓값 : $\dfrac{4}{e^2}$, 극솟값 : 0

유제

○ 8854-0094

5 함수 $f(x)=x+\dfrac{1}{x}$의 극댓값을 M, 극솟값을 m이라 할 때, $M-m$의 값은?

① -4　　　② -2　　　③ 2　　　④ 4　　　⑤ 6

❹ 곡선의 볼록과 변곡점

(1) 이계도함수를 이용한 곡선의 볼록의 판정

이계도함수가 존재하는 함수 $f(x)$에 대하여 어떤 구간에서

① $f''(x)>0$이면 곡선 $y=f(x)$는 이 구간에서 아래로 볼록하다.

② $f''(x)<0$이면 곡선 $y=f(x)$는 이 구간에서 위로 볼록하다.

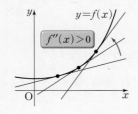 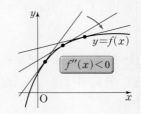

(2) 변곡점

곡선 $y=f(x)$ 위의 점 $\mathrm{P}(a, f(a))$에 대하여 $x=a$의 좌우에서 곡선의 모양이 아래로 볼록에서 위로 볼록으로 바뀌거나 위로 볼록에서 아래로 볼록으로 바뀔 때, 점 P를 곡선 $y=f(x)$의 변곡점이라고 한다.

(3) 이계도함수를 이용한 변곡점의 판정

이계도함수가 존재하는 함수 $f(x)$에 대하여 $f''(a)=0$이고 $x=a$의 좌우에서 $f''(x)$의 부호가 바뀌면 점 $(a, f(a))$는 곡선 $y=f(x)$의 변곡점이다.

> **Plus**
>
> 참고 아래로 볼록을 위로 오목, 위로 볼록을 아래로 오목이라고도 한다.
>
> ❶ 어떤 구간에서 $f''(x)>0$이면 $f'(x)$는 이 구간에서 증가한다. 즉, 곡선 $y=f(x)$의 접선의 기울기가 증가하므로 곡선 $y=f(x)$는 이 구간에서 아래로 볼록하다.

 4 곡선 $y=\ln(x^2+1)$의 변곡점의 좌표를 구하시오.

풀이 $f(x)=\ln(x^2+1)$로 놓으면

$$f'(x)=\frac{2x}{x^2+1}$$

$$f''(x)=\frac{2\times(x^2+1)-2x\times 2x}{(x^2+1)^2}=-\frac{2(x+1)(x-1)}{(x^2+1)^2}$$

$f''(x)=0$에서 $x=-1$ 또는 $x=1$

$f''(x)$의 부호를 조사하여 표로 나타내면 다음과 같다.

x	$\cdots$	-1	$\cdots$	1	$\cdots$
$f''(x)$	$-$	0	$+$	0	$-$
$f(x)$		$\ln 2$		$\ln 2$	

따라서 곡선 $y=\ln(x^2+1)$의 변곡점의 좌표는 $(-1, \ln 2), (1, \ln 2)$

답 $(-1, \ln 2), (1, \ln 2)$

🔵 8854-0095

 6 다음 곡선의 변곡점의 좌표를 구하시오.

(1) $y=x^3-3x^2+6x+1$ (2) $y=4x+2\cos x\ (0<x<\pi)$

5 함수의 그래프

Plus

❶ 최대·최소 정리에 의하여 닫힌 구간 $[a, b]$에서 연속인 함수 $f(x)$는 이 구간에서 반드시 최댓값과 최솟값을 가진다.

❷ 극댓값과 극솟값을 통틀어 극값이라 한다.

(1) 함수의 그래프의 개형

함수 $y=f(x)$의 그래프의 개형은 다음과 같은 사항을 조사하여 그릴 수 있다.

① 함수의 정의역과 치역   ② 곡선의 대칭성과 주기

③ 곡선과 좌표축의 교점   ④ 함수의 증가와 감소, 극대와 극소

⑤ 곡선의 볼록과 변곡점   ⑥ $\lim\limits_{x \to \infty} f(x)$, $\lim\limits_{x \to -\infty} f(x)$, 점근선

(2) 함수의 최대와 최소

닫힌 구간 $[a, b]$에서 연속인 함수 $f(x)$는 이 구간에서 최댓값과 최솟값을 가진다.❶ 이때 구간의 양끝에서의 두 함숫값 $f(a)$, $f(b)$와 함수 $f(x)$의 극값❷ 중 가장 큰 값이 최댓값이고 가장 작은 값이 최솟값이다.

예제 5 함수 $y=e^{-x^2}$의 그래프의 개형을 그리시오.

풀이 ① $f(x)=e^{-x^2}$으로 놓으면 함수 $f(x)$의 정의역은 실수 전체의 집합이고, 모든 실수 x에 대하여 $f(x)>0$ 이므로 이 곡선은 x축 위쪽에 있다.

② 모든 실수 x에 대하여 $f(-x)=f(x)$이므로 이 곡선은 y축에 대하여 대칭이다.

③ $f(0)=1$이므로 이 곡선과 y축의 교점의 좌표는 $(0, 1)$이다.

④, ⑤ $f'(x)=-2xe^{-x^2}$이므로 $f'(x)=0$에서 $x=0$

$$f''(x)=-2e^{-x^2}+4x^2e^{-x^2}=4\left(x^2-\frac{1}{2}\right)e^{-x^2}=4\left(x+\frac{\sqrt{2}}{2}\right)\left(x-\frac{\sqrt{2}}{2}\right)e^{-x^2}$$

이므로 $f''(x)=0$에서 $x=-\dfrac{\sqrt{2}}{2}$ 또는 $x=\dfrac{\sqrt{2}}{2}$

함수 $f(x)$의 증가와 감소, 곡선 $y=f(x)$의 볼록을 표로 나타내면 오른쪽과 같다.

즉, 함수 $f(x)$는 $x=0$에서 극댓값 1을 가지고, 극솟값은 가지지 않는다.

또 곡선 $y=f(x)$의 변곡점의 좌표는 $\left(-\dfrac{\sqrt{2}}{2}, \dfrac{1}{\sqrt{e}}\right)$, $\left(\dfrac{\sqrt{2}}{2}, \dfrac{1}{\sqrt{e}}\right)$이다.

x	$\cdots$	$-\dfrac{\sqrt{2}}{2}$	$\cdots$	0	$\cdots$	$\dfrac{\sqrt{2}}{2}$	$\cdots$
$f'(x)$	$+$	$+$	$+$	0	$-$	$-$	$-$
$f''(x)$	$+$	0	$-$		$-$	0	$+$
$f(x)$	⤴	$\dfrac{1}{\sqrt{e}}$	⤴	1	⤵	$\dfrac{1}{\sqrt{e}}$	⤵

⑥ $\lim\limits_{x \to \infty} f(x)=0$, $\lim\limits_{x \to -\infty} f(x)=0$이므로 점근선은 x축이다.

따라서 함수 $y=f(x)$의 그래프의 개형은 오른쪽 그림과 같다.

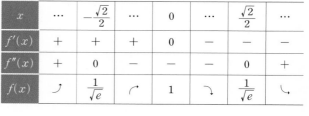

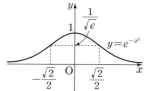

📎 풀이참조

 유제

7 닫힌 구간 $[0, 2\pi]$에서 함수 $f(x)=x-2\sin x$의 최댓값을 M, 최솟값을 m이라 할 때, $M+m$의 값을 구하시오.

○ 8854-0096

6 방정식과 부등식에의 활용

(1) 방정식에의 활용

① 방정식 $f(x)=0$의 실근은 함수 $y=f(x)$의 그래프와 x축이 만나는 점의 x좌표와 같으므로 방정식 $f(x)=0$의 서로 다른 실근의 개수는 함수 $y=f(x)$의 그래프와 x축의 교점의 개수를 조사하여 구한다.

② 방정식 $f(x)=g(x)$의 서로 다른 실근의 개수는 $f(x)-g(x)=0$에서 $h(x)=f(x)-g(x)$로 놓고 방정식 $h(x)=0$의 서로 다른 실근의 개수를 구한다.

(2) 부등식에의 활용

① 어떤 구간에서 부등식 $f(x) \geq 0$이 성립함을 보일 때, 이 구간에서 함수 $f(x)$의 최솟값이 존재하는 경우에는 그 최솟값이 0 이상임을 보이면 된다.

② 어떤 구간에서 부등식 $f(x) \geq g(x)$가 성립함을 보일 때, $f(x)-g(x) \geq 0$에서 $h(x)=f(x)-g(x)$로 놓고 이 구간에서 $h(x) \geq 0$임을 보이면 된다.

Plus

❶ 함수 $y=f(x)$의 그래프와 함수 $y=g(x)$의 그래프의 교점의 개수를 조사하여 구할 수도 있다.

 6

$x > -1$일 때, 부등식 $x > \ln(x+1)-1$이 성립함을 증명하시오.

풀이 부등식 $x > \ln(x+1)-1$에서 $x-\ln(x+1)+1 > 0$

$f(x)=x-\ln(x+1)+1$로 놓으면

$$f'(x)=1-\frac{1}{x+1}$$

이므로 $f'(x)=0$에서 $x=0$

함수 $f(x)$의 증가와 감소를 표로 나타내면 다음과 같다.

x	(-1)	$\cdots$	0	$\cdots$
$f'(x)$		$-$	0	$+$
$f(x)$		$\searrow$	1	$\nearrow$

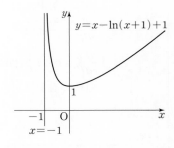

즉, 함수 $f(x)$는 $x=0$에서 최솟값 1을 가지고 $1>0$이므로
$x>-1$일 때, $x-\ln(x+1)+1>0$이다.

따라서 $x>-1$일 때, 부등식 $x>\ln(x+1)-1$이 성립한다.

📋 풀이참조

🔵 8854-0097

 8 x에 대한 방정식 $x+\dfrac{4}{x^2}=k$의 서로 다른 실근의 개수가 2가 되도록 하는 실수 k의 값은?

① 1　　　　② 2　　　　③ 3　　　　④ 4　　　　⑤ 5

🔵 8854-0098

9 모든 실수 x에 대하여 부등식 $2e^x+27e^{-2x}>k$가 성립하도록 하는 자연수 k의 개수는?

① 5　　　　② 6　　　　③ 7　　　　④ 8　　　　⑤ 9

7 속도와 가속도

좌표평면 위를 움직이는 점 P의 시각 t에서의 위치 (x, y)가 $x=f(t)$, $y=g(t)$일 때,

(1) 점 P의 시각 t에서의 속도는

$\left(\dfrac{dx}{dt}, \dfrac{dy}{dt}\right)$, 즉 $(f'(t), g'(t))$

점 P의 시각 t에서의 속력은

$\sqrt{\left(\dfrac{dx}{dt}\right)^2+\left(\dfrac{dy}{dt}\right)^2}$, 즉 $\sqrt{\{f'(t)\}^2+\{g'(t)\}^2}$

(2) 점 P의 시각 t에서의 가속도는

$\left(\dfrac{d^2x}{dt^2}, \dfrac{d^2y}{dt^2}\right)$, 즉 $(f''(t), g''(t))$

점 P의 시각 t에서의 가속도의 크기는

$\sqrt{\left(\dfrac{d^2x}{dt^2}\right)^2+\left(\dfrac{d^2y}{dt^2}\right)^2}$, 즉 $\sqrt{\{f''(t)\}^2+\{g''(t)\}^2}$

Plus

참고 수직선 위를 움직이는 점 P의 시각 t에서의 위치 x가 $x=f(t)$일 때,
① 점 P의 시각 t에서의 속도 v는
$v=\dfrac{dx}{dt}$, 즉 $v=f'(t)$
② 점 P의 시각 t에서의 가속도 a는
$a=\dfrac{dv}{dt}$, 즉 $a=f''(t)$

 7 좌표평면 위를 움직이는 점 P의 시각 t에서의 위치 (x, y)가 $x=t\cos t$, $y=t\sin t$일 때, 점 P의 시각 $t=2\pi$에서의 속도와 가속도를 각각 구하시오.

풀이 $\dfrac{dx}{dt}=\cos t-t\sin t$

$\dfrac{dy}{dt}=\sin t+t\cos t$

이므로 점 P의 시각 $t=2\pi$에서의 속도는 $(1, 2\pi)$

$\dfrac{d^2x}{dt^2}=-\sin t-(\sin t+t\cos t)=-2\sin t-t\cos t$

$\dfrac{d^2y}{dt^2}=\cos t+(\cos t-t\sin t)=2\cos t-t\sin t$

이므로 점 P의 시각 $t=2\pi$에서의 가속도는 $(-2\pi, 2)$

📋 속도 : $(1, 2\pi)$, 가속도 : $(-2\pi, 2)$

 ● 8854-0099

10 수직선 위를 움직이는 점 P의 시각 t에서의 위치 x가 $x=a\ln t+(\ln t)^2$이다. 점 P의 시각 $t=e$에서의 속도가 1일 때, 상수 a의 값은?

① $e-2$ ② $e-1$ ③ e ④ $e+1$ ⑤ $e+2$

● 8854-0100

11 좌표평면 위를 움직이는 점 P의 시각 t에서의 위치 (x, y)가 $x=t^2-t$, $y=\sin 2t$일 때, 점 P의 시각 $t=\dfrac{\pi}{4}$에서의 가속도의 크기는?

① $3\sqrt{2}$ ② $\sqrt{19}$ ③ $2\sqrt{5}$ ④ $\sqrt{21}$ ⑤ $\sqrt{22}$

| 접선의 방정식 |

1 곡선 $y=2\tan x+3\sec x$ 위의 점 $(0, 3)$에서의 접선과 x축 및 y축으로 둘러싸인 삼각형의 넓이는?

   ① $\dfrac{1}{4}$ ② $\dfrac{3}{4}$ ③ $\dfrac{5}{4}$ ④ $\dfrac{7}{4}$ ⑤ $\dfrac{9}{4}$

○ 8854-0101

| 함수의 극대와 극소 |

2 열린 구간 $(0, 2\pi)$에서 정의된 함수 $f(x)=\sin^2 x$에 대하여 함수 $f(x)$가 극대인 x의 개수를 a, 극소인 x의 개수를 b라 할 때, $a-b$의 값은?

   ① -2 ② -1 ③ 0 ④ 1 ⑤ 2

○ 8854-0102

| 함수의 최대와 최소 |

3 닫힌 구간 $[-2, 2]$에서 정의된 함수 $f(x)=x\sqrt{4-x^2}$의 최댓값을 M, 최솟값을 m이라 할 때, Mm의 값은?

   ① -4 ② -2 ③ 0 ④ 2 ⑤ 4

○ 8854-0103

| 방정식에의 활용 |

4 x에 대한 방정식 $2\ln x=x^2+k$의 서로 다른 실근의 개수가 2가 되도록 하는 정수 k의 최댓값은?

$$\left(\text{단, } \lim_{x\to\infty}(2\ln x-x^2)=-\infty\right)$$

   ① -5 ② -4 ③ -3 ④ -2 ⑤ -1

○ 8854-0104

| 속도와 가속도 |

5 좌표평면 위를 움직이는 점 P의 시각 t에서의 위치 (x, y)가 $x=2t+1$, $y=6t-t^2$이다. 점 P의 속력이 최소일 때, 점 P의 좌표는?

   ① $(3, 5)$ ② $(5, 8)$ ③ $(7, 9)$ ④ $(9, 8)$ ⑤ $(11, 5)$

○ 8854-0105

1 8854-0106

$\lim\limits_{x \to 0} \dfrac{\ln(1+2x)}{\sin 3x}$의 값은?

① $\dfrac{1}{3}$ ② $\dfrac{2}{3}$ ③ 1

④ $\dfrac{4}{3}$ ⑤ $\dfrac{5}{3}$

2 8854-0107

$\lim\limits_{x \to 1} \dfrac{x^n - 2^{x-1}}{x-1} = 4 - \ln 2$일 때, 자연수 n의 값은?

① 1 ② 2 ③ 3

④ 4 ⑤ 5

3 8854-0108

직선 $y = \dfrac{4}{3}x$와 x축의 양의 방향이 이루는 예각을 이등분하는 직선의 방정식이 $y = mx$일 때, 상수 m의 값은?

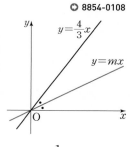

① $\dfrac{1}{6}$ ② $\dfrac{1}{3}$ ③ $\dfrac{1}{2}$

④ $\dfrac{2}{3}$ ⑤ $\dfrac{5}{6}$

4 8854-0109

함수 $f(x) = \dfrac{x^6 - 8}{x^3(x^2 - 2)}$에 대하여 $f'(1)$의 값은?

① -13 ② -12 ③ -11

④ -10 ⑤ -9

5 8854-0110

미분가능한 함수 $f(x)$에 대하여 $f(3) = 1$, $f'(3) = 4$이고 $g(x) = \dfrac{1}{f(3x) + x^2}$일 때, $g'(1)$의 값은?

① -4 ② $-\dfrac{7}{2}$ ③ -3

④ $-\dfrac{5}{2}$ ⑤ -2

6 $\displaystyle\lim_{x\to 0}\frac{1}{x}\ln\frac{e^x+e^{2x}+e^{3x}}{3}$의 값은?

① 1   ② 2   ③ 3

④ 4   ⑤ 5

7 열린 구간 $(-1, 1)$에서 정의된 함수

$f(x)=\tan\dfrac{\pi}{2}x$의 역함수를 $g(x)$라 할 때, $g'(1)$의 값은?

① $\dfrac{1}{\pi}$ ② $\dfrac{2}{\pi}$ ③ $\dfrac{3}{\pi}$

④ $\dfrac{4}{\pi}$ ⑤ $\dfrac{5}{\pi}$

8 점 $\left(\dfrac{1}{3},\ 0\right)$에서 곡선 $y=e^{3x-1}$에 그은 접선과 x축 및 y축으로 둘러싸인 삼각형의 넓이는?

① $\dfrac{e}{10}$ ② $\dfrac{e}{9}$ ③ $\dfrac{e}{8}$

④ $\dfrac{e}{7}$ ⑤ $\dfrac{e}{6}$

9 곡선 $y=\ln(1+x^2)\ (x>0)$의 변곡점에서의 접선의 y절편은?

① $-2+\ln 2$ ② $-1+\ln 2$ ③ $\ln 2$

④ $1+\ln 2$ ⑤ $2+\ln 2$

10 함수 $f(x)=6\ln x-\dfrac{a}{x}+ax$가 극댓값과 극솟값을 모두 갖도록 하는 정수 a의 개수는?

① 1   ② 2   ③ 3

④ 4   ⑤ 5

11 열린 구간 $(0, 2\pi)$에서 정의된 함수

$f(x)=e^{-x}\sin x$는 $x=a$에서 극대이고, $x=b$에서 극소이다. $a-b$의 값은?

① $-\pi$ ② $-\dfrac{\pi}{2}$ ③ $\dfrac{\pi}{3}$

④ $\dfrac{\pi}{2}$ ⑤ π

12 모든 양수 x에 대하여 부등식 $\sqrt{x} \geq a \ln x$가 성립하도록 하는 양의 실수 a의 최댓값은?

8854-0117

① $\dfrac{e}{4}$ 　　② $\dfrac{e}{2}$ 　　③ e

④ $2e$ 　　⑤ $4e$

8854-0119

14 함수 $f(x) = (ax^2 + 4)e^x$이 실수 전체의 집합에서 증가하기 위한 실수 a의 최댓값을 구하시오.

8854-0118

13 좌표평면 위를 움직이는 점 P의 시각 $t \left(0 \leq t \leq \dfrac{3\pi}{2} \right)$에서의 위치 (x, y)가 $x = t - \sin t$, $y = 3 + \cos t$일 때, 점 P의 속력의 최댓값은?

① 1 　　② $\sqrt{2}$ 　　③ 2

④ $2\sqrt{2}$ 　　⑤ 4

8854-0120

15 x에 대한 방정식 $x^2 = ke^x$의 서로 다른 실근의 개수가 2 이상이 되도록 하는 실수 k의 최댓값이 $\dfrac{n}{e^2}$일 때, 자연수 n의 값을 구하시오.

$\left(\text{단, } \lim\limits_{x \to \infty} \dfrac{x^2}{e^x} = 0 \right)$

기출문항 변형

함수 $f(x)=x^2-2a\ln x$ $(a>0)$의 극솟값이 0일 때, 상수 a의 값은?

① $\dfrac{1}{e}$ ② $\dfrac{2}{e}$ ③ $\sqrt{e}$

④ e ⑤ $2e$

풀이

$f'(x)=2x-\dfrac{2a}{x}=\dfrac{2(x^2-a)}{x}$

$x>0$이므로 $f'(x)=0$에서 $x=\sqrt{a}$

함수 $f(x)$의 증가와 감소를 표로 나타내면 다음과 같다.

x	(0)	$\cdots$	$\sqrt{a}$	$\cdots$
$f'(x)$		$-$	0	$+$
$f(x)$		$\searrow$	$a-2a\ln\sqrt{a}$	$\nearrow$

즉, 함수 $f(x)$는 $x=\sqrt{a}$에서 극소이다.

이때 극솟값이 0이므로

$a-2a\ln\sqrt{a}=0$

$a>0$이므로 $\ln\sqrt{a}=\dfrac{1}{2}$

$\dfrac{1}{2}\ln a=\dfrac{1}{2}$, $\ln a=1$

따라서 $a=e$

답 ④

8854-0121

1 함수 $f(x)$의 도함수 $f'(x)$가

$$f'(x)=\ln(x^2-4x+10)+1$$

일 때, 함수 $g(x)=f(x)+(8-x)\ln(8-x)$는 $x=a$에서 극대이고, $x=b$에서 극소이다. $\dfrac{a}{b}$의 값은?

① $\dfrac{1}{4}$ ② $\dfrac{1}{2}$ ③ 2

④ 4 ⑤ 8

8854-0122

2 n이 자연수일 때, 함수 $f(x)=x^n e^{-x}$에 대하여 **보기**에서 옳은 것만을 있는 대로 고른 것은?

보기

ㄱ. $n=1$일 때, 함수 $f(x)$는 최댓값을 가진다.

ㄴ. 3 이상의 모든 홀수 n에 대하여 함수 $f(x)$는 최댓값을 가진다.

ㄷ. 모든 짝수 n에 대하여 함수 $f(x)$는 최솟값을 가진다.

① ㄱ   ② ㄴ   ③ ㄱ, ㄴ

④ ㄴ, ㄷ   ⑤ ㄱ, ㄴ, ㄷ

01 부정적분

❶ 함수 $y=x^n$ (n은 실수)의 부정적분 〰️

(1) 함수 $y=x^n$ (n은 실수)의 부정적분

① $n \neq -1$일 때, $\displaystyle\int x^n dx = \frac{1}{n+1}x^{n+1}+C$ (단, C는 적분상수)

② $n=-1$일 때, $\displaystyle\int \frac{1}{x}dx = \ln|x|+C$ (단, C는 적분상수)

참고 부정적분의 성질

두 연속함수 $f(x)$, $g(x)$에 대하여

① $\displaystyle\int \{f(x)+g(x)\}dx = \int f(x)dx + \int g(x)dx$

② $\displaystyle\int \{f(x)-g(x)\}dx = \int f(x)dx - \int g(x)dx$

③ $\displaystyle\int kf(x)dx = k\int f(x)dx$ (단, k는 상수)

보기 $\displaystyle\int \sqrt{x}dx = \int x^{\frac{1}{2}}dx = \frac{1}{\frac{1}{2}+1}x^{\frac{1}{2}+1}+C = \frac{2}{3}x^{\frac{3}{2}}+C = \frac{2}{3}x\sqrt{x}+C$ (단, C는 적분상수)

Plus

❶ 함수 $F(x)$의 도함수가 $f(x)$일 때,
즉 $F'(x)=f(x)$일 때, $F(x)$를 $f(x)$의 부정적분이라 하고, 기호로 $\displaystyle\int f(x)dx$와 같이 나타낸다.

❷ 거듭제곱근 꼴의 함수의 부정적분은 유리수 지수로 바꾸어서 구한다.

예제 1 다음 부정적분을 구하시오.

(1) $\displaystyle\int \frac{x+4}{x^2}dx$

(2) $\displaystyle\int x^2\sqrt{x}\,dx$

풀이 (1) $\displaystyle\int \frac{x+4}{x^2}dx = \int \left(\frac{1}{x}+\frac{4}{x^2}\right)dx = \int \frac{1}{x}dx + 4\int x^{-2}dx$

$\displaystyle = \ln|x| + 4 \times \left(\frac{1}{-2+1}x^{-2+1}\right)+C$

$\displaystyle = \ln|x| - \frac{4}{x}+C$ (단, C는 적분상수)

(2) $\displaystyle\int x^2\sqrt{x}\,dx = \int x^2 x^{\frac{1}{2}}dx = \int x^{2+\frac{1}{2}}dx = \int x^{\frac{5}{2}}dx$

$\displaystyle = \frac{1}{\frac{5}{2}+1}x^{\frac{5}{2}+1}+C = \frac{2}{7}x^{\frac{7}{2}}+C$

$\displaystyle = \frac{2}{7}x^3\sqrt{x}+C$ (단, C는 적분상수)

답 (1) $\ln|x|-\dfrac{4}{x}+C$ (단, C는 적분상수)   (2) $\dfrac{2}{7}x^3\sqrt{x}+C$ (단, C는 적분상수)

유제

◎ 8854-0123

1 다음 부정적분을 구하시오.

(1) $\displaystyle\int \frac{x-1}{\sqrt{x}+1}dx$

(2) $\displaystyle\int \frac{(\sqrt{x}-2)^2}{x}dx$

2 지수함수와 삼각함수의 부정적분

(1) 지수함수의 부정적분 ①

① $\displaystyle\int e^x\,dx=e^x+C$ (단, C는 적분상수)

② $\displaystyle\int a^x\,dx=\dfrac{a^x}{\ln a}+C$ (단, C는 적분상수)

(2) 삼각함수의 부정적분 ②

① $\displaystyle\int \sin x\,dx=-\cos x+C$ (단, C는 적분상수)

② $\displaystyle\int \cos x\,dx=\sin x+C$ (단, C는 적분상수)

③ $\displaystyle\int \sec^2 x\,dx=\tan x+C$ (단, C는 적분상수)

④ $\displaystyle\int \csc^2 x\,dx=-\cot x+C$ (단, C는 적분상수)

⑤ $\displaystyle\int \sec x \tan x\,dx=\sec x+C$ (단, C는 적분상수)

⑥ $\displaystyle\int \csc x \cot x\,dx=-\csc x+C$ (단, C는 적분상수) ③

Plus

❶ 지수함수의 미분법에서
$(e^x)'=e^x$
$(a^x)'=a^x \ln a$

❷ 삼각함수의 미분법에서
$(\cos x)'=-\sin x$
$(\sin x)'=\cos x$
$(\tan x)'=\sec^2 x$
$(\cot x)'=-\csc^2 x$

❸ 함수의 몫의 미분법에서
$(\sec x)'$
$=\left(\dfrac{1}{\cos x}\right)'=\dfrac{\sin x}{\cos^2 x}$
$=\dfrac{1}{\cos x}\times\dfrac{\sin x}{\cos x}$
$=\sec x \tan x$

예제 2 다음 부정적분을 구하시오.

(1) $\displaystyle\int \dfrac{e^{2x}-1}{e^x+1}\,dx$　　　　　　　　(2) $\displaystyle\int \tan^2 x\,dx$

풀이 (1) $\displaystyle\int \dfrac{e^{2x}-1}{e^x+1}\,dx=\int \dfrac{(e^x+1)(e^x-1)}{e^x+1}\,dx=\int (e^x-1)\,dx=e^x-x+C$ (단, C는 적분상수)

(2) $\displaystyle\int \tan^2 x\,dx=\int (\sec^2 x-1)\,dx$

$\quad$ $\cos^2 x+\sin^2 x=1$에서 양변을 $\cos^2 x$로 나누면 $1+\tan^2 x=\dfrac{1}{\cos^2 x}=\sec^2 x$이므로 $\tan^2 x=\sec^2 x-1$

$\qquad =\tan x-x+C$ (단, C는 적분상수)

📖 (1) e^x-x+C (단, C는 적분상수)　(2) $\tan x-x+C$ (단, C는 적분상수)

유제

○ 8854-0124

2 다음 부정적분을 구하시오.

(1) $\displaystyle\int (2^{x+1}-1)^2\,dx$　　　　　　　　(2) $\displaystyle\int \dfrac{\sin^2 x}{1+\cos x}\,dx$

○ 8854-0125

3 열린 구간 $\left(0,\,\dfrac{\pi}{2}\right)$에서 정의된 함수 $f(x)$에 대하여 $f'(x)=\sec x(\sec x+\tan x)$이고 $f\left(\dfrac{\pi}{3}\right)=\sqrt 3+3$일

때, $f\left(\dfrac{\pi}{6}\right)$의 값을 구하시오.

3 치환적분법 (1)

(1) $\int f(g(x))g'(x)dx$ 꼴의 부정적분

$g(x)=t$로 놓으면

$$\int f(g(x))g'(x)dx=\int f(t)dt$$

참고 부정적분 $\int f(t)dt$를 구한 후 $t=g(x)$를 대입하여 x에 대한 식으로 나타낸다.

(2) $\int \dfrac{f'(x)}{f(x)}dx$ 꼴의 부정적분

$$\int \frac{f'(x)}{f(x)}dx=\ln|f(x)|+C \text{ (단, } C\text{는 적분상수)}$$

설명 $f(x)=t$로 놓으면 $\dfrac{dt}{dx}=f'(x)$이므로

$$\int \frac{f'(x)}{f(x)}dx=\int \frac{1}{t}dt=\ln|t|+C=\ln|f(x)|+C \text{ (단, } C\text{는 적분상수)}$$

Plus

❶ 함수 $f(x)$의 한 부정적분을 $F(x)$라 하자. $g(x)=t$에 대하여 $F(t)$를 x에 대하여 미분하면 합성함수의 미분법에 의하여

$$\frac{d}{dx}F(t)$$
$$=F'(t)\times\frac{dt}{dx}$$
$$=f(g(x))g'(x)$$

이므로 $F(t)$는 $f(g(x))g'(x)$의 한 부정적분이다. 즉,

$$\int f(g(x))g'(x)dx$$
$$=F(t)=F(g(x))$$

 3 다음 부정적분을 구하시오.

(1) $\int \sin^3 x \cos x\, dx$ (2) $\int \dfrac{3x^2}{x^3-1}dx$

풀이 (1) $\sin x=t$로 놓으면 $\dfrac{dt}{dx}=\cos x$이므로

$$\int \sin^3 x \cos x\, dx=\int t^3 dt=\frac{1}{4}t^4+C=\frac{1}{4}\sin^4 x+C \text{ (단, } C\text{는 적분상수)}$$

(2) $f(x)=x^3-1$이라 하면 $f'(x)=3x^2$이므로

$$\int \frac{3x^2}{x^3-1}dx=\int \frac{f'(x)}{f(x)}dx=\ln|f(x)|+C=\ln|x^3-1|+C \text{ (단, } C\text{는 적분상수)}$$

답 (1) $\dfrac{1}{4}\sin^4 x+C$ (단, C는 적분상수)

(2) $\ln|x^3-1|+C$ (단, C는 적분상수)

○ 8854-0126

 4 다음 부정적분을 구하시오.

(1) $\int \dfrac{(\ln x)^2}{x}dx$ (2) $\int (2x+3)^4 dx$ (3) $\int \tan x\, dx$

○ 8854-0127

5 함수 $f(x)$가 $f'(x)=\sin^3 x$, $f\left(\dfrac{\pi}{2}\right)=1$을 만족시킬 때, $f(2\pi)$의 값을 구하시오.

❹ 치환적분법 (2)

$\int f(x)dx$에서 미분가능한 함수 $g(t)$에 대하여 $x=g(t)$로 놓으면

$$\int f(x)dx = \int f(g(t))g'(t)dt$$

──────①

참고 함수 $g(t)$의 역함수가 존재하는 경우, 부정적분 $\int f(g(t))g'(t)dt$를 구한 후 $t=g^{-1}(x)$

를 대입하여 x에 대한 식으로 나타낸다.

보기 $\int (2x+3)^4 dx$를 구해 보자.

$2x+3=t$, 즉 $x=\dfrac{t-3}{2}$으로 놓으면 $\dfrac{dx}{dt}=\dfrac{1}{2}$이므로

$$\int (2x+3)^4 dx = \int t^4 \times \frac{1}{2}\,dt = \frac{1}{2} \times \frac{1}{5}t^5 + C = \frac{1}{10}t^5 + C$$

$$= \frac{1}{10}(2x+3)^5 + C \text{ (단, } C\text{는 적분상수)}$$

Plus

❶ $\int f(x)dx$

$=F(x)+C$ ⋯ ㉠

라 할 때, $F(x)$에

$x=g(t)$를 대입한

$F(g(t))$의 도함수는

합성함수의 미분법에 의

하여

$\dfrac{d}{dt}F(g(t))$

$=F'(g(t))g'(t)$

$=f(g(t))g'(t)$

즉, $F(g(t))$는

$f(g(t))g'(t)$의 한 부정

적분이다. 즉,

$\int f(g(t))g'(t)dt$

$=F(g(t))+C$

$=F(x)+C$ ⋯ ㉡

따라서 ㉠, ㉡에서

$\int f(x)dx$

$=\int f(g(t))g'(t)dt$

 예제 4 부정적분 $\int (x+3)\sqrt{x+1}\,dx$를 구하시오.

풀이 $x+1=t$, 즉 $x=t-1$로 놓으면 $\dfrac{dx}{dt}=1$이므로

$$\int (x+3)\sqrt{x+1}\,dx = \int (t+2)\sqrt{t} \times 1\,dt = \int \left(t^{\frac{3}{2}} + 2t^{\frac{1}{2}}\right)dt = \frac{2}{5}t^{\frac{5}{2}} + \frac{4}{3}t^{\frac{3}{2}} + C$$

$$= \frac{2}{5}(x+1)^2\sqrt{x+1} + \frac{4}{3}(x+1)\sqrt{x+1} + C \text{ (단, } C\text{는 적분상수)}$$

답 $\dfrac{2}{5}(x+1)^2\sqrt{x+1} + \dfrac{4}{3}(x+1)\sqrt{x+1} + C$ (단, C는 적분상수)

 유제

🔵 8854-0128

6 다음 부정적분을 구하시오.

(1) $\int (x+2)\sqrt{3-x}\,dx$

(2) $\int \dfrac{4x}{\sqrt{2x+1}}\,dx$

🔵 8854-0129

7 함수 $f(x)$에 대하여 $f'(x)=e^x\sqrt{e^x+1}$일 때, $f(1)-f(0)=p(e+1)\sqrt{e+1}+q\sqrt{2}$이다. $p-q$의 값을 구하시오. (단, p, q는 유리수이다.)

5 부분적분법

두 함수 $f(x)$, $g(x)$가 미분가능할 때,

$$\int f(x)g'(x)dx = f(x)g(x) - \int f'(x)g(x)dx$$

①

[설명] 함수의 곱의 미분법에 의하여

$$\{f(x)g(x)\}' = f'(x)g(x) + f(x)g'(x)$$

양변을 적분하면

$$f(x)g(x) = \int f'(x)g(x)dx + \int f(x)g'(x)dx$$

즉, $\int f(x)g'(x)dx = f(x)g(x) - \int f'(x)g(x)dx$

[보기] 부정적분 $\int xe^x dx$를 구해 보자.

$f(x) = x$, $g'(x) = e^x$으로 놓으면

$f'(x) = 1$, $g(x) = e^x$이므로 부분적분법에 의하여

$$\int xe^x dx = xe^x - \int 1 \times e^x dx = xe^x - e^x + C \text{ (단, } C\text{는 적분상수)}$$

Plus

❶ 미분한 결과가 간단한 함수를 $f(x)$로, 적분하기 쉬운 함수를 $g'(x)$로 놓는다.

---

 5 다음 부정적분을 구하시오.

(1) $\displaystyle\int \ln x\, dx$

(2) $\displaystyle\int (2x+1)\sin x\, dx$

풀이 (1) $\ln x = (\ln x) \times 1$에서 $f(x) = \ln x$, $g'(x) = 1$로 놓으면

$f'(x) = \dfrac{1}{x}$, $g(x) = x$이므로 부분적분법에 의하여

$$\int \ln x\, dx = (\ln x) \times x - \int \frac{1}{x} \times x\, dx = x \ln x - x + C \text{ (단, } C\text{는 적분상수)}$$

(2) $f(x) = 2x+1$, $g'(x) = \sin x$로 놓으면

$f'(x) = 2$, $g(x) = -\cos x$이므로 부분적분법에 의하여

$$\int (2x+1)\sin x\, dx = (2x+1) \times (-\cos x) - \int 2 \times (-\cos x)dx = -(2x+1)\cos x + 2\int \cos x\, dx$$

$$= -(2x+1)\cos x + 2\sin x + C \text{ (단, } C\text{는 적분상수)}$$

답 (1) $x \ln x - x + C$ (단, C는 적분상수) (2) $-(2x+1)\cos x + 2\sin x + C$ (단, C는 적분상수)

◐ 8854-0130

8 다음 부정적분을 구하시오.

(1) $\displaystyle\int x \ln x\, dx$

(2) $\displaystyle\int (3x-1)\sec^2 x\, dx$

◐ 8854-0131

9 미분가능한 함수 $f(x)$에 대하여 곡선 $y = f(x)$는 점 $(1, 3)$을 지나고 곡선 위의 임의의 점 $(t, f(t))$에서의 접선의 기울기가 $(\ln t)^2$일 때, $f(e)$의 값을 구하시오.

| 함수 $y=x^n$ (n은 실수)의 부정적분 |

8854-0132

1 함수 $f(x)$에 대하여 $f'(x)=\dfrac{(x+1)^2}{x^2}$일 때, $f(e)-f(1)$의 값은?

① $e-\dfrac{1}{e}-2$ ② $e-\dfrac{1}{e}-1$ ③ $e-\dfrac{1}{e}$ ④ $e-\dfrac{1}{e}+1$ ⑤ $e-\dfrac{1}{e}+2$

| 삼각함수의 부정적분 |

8854-0133

2 열린 구간 $\left(0, \dfrac{\pi}{2}\right)$에서 정의된 함수 $f(x)$에 대하여 $f'(x)=\dfrac{\sin^3 x+2}{\sin^2 x}$이고 $f\left(\dfrac{\pi}{4}\right)=1-\dfrac{\sqrt{2}}{2}$일 때, $f\left(\dfrac{\pi}{3}\right)$의 값은?

① $\dfrac{5}{2}-\sqrt{3}$ ② $\dfrac{5}{2}-\dfrac{2\sqrt{3}}{3}$ ③ $\dfrac{5}{2}-\dfrac{\sqrt{3}}{3}$ ④ $\dfrac{5}{2}$ ⑤ $\dfrac{5}{2}+\dfrac{\sqrt{3}}{3}$

| 치환적분법 |

8854-0134

3 함수 $f(x)=\displaystyle\int x\sqrt{16-x^2}\,dx$에 대하여 $f(0)=0$일 때, $f(1)$의 값은?

① $-7\sqrt{15}+\dfrac{64}{3}$ ② $-6\sqrt{15}+21$ ③ $-5\sqrt{15}+21$

④ $-5\sqrt{15}+\dfrac{64}{3}$ ⑤ $-5\sqrt{15}+\dfrac{65}{3}$

| 치환적분법 |

8854-0135

4 함수 $f(x)$에 대하여 $f'(x)=\dfrac{x-2}{(x+1)^3}$이다. $f(0)=\dfrac{3}{2}$일 때, $f(x)$의 최솟값은?

① $\dfrac{1}{2}$ ② $\dfrac{2}{3}$ ③ $\dfrac{5}{6}$ ④ 1 ⑤ $\dfrac{7}{6}$

| 부분적분법 |

8854-0136

5 함수 $f(x)$에 대하여 $f'(x)=x\cos x$이다. 곡선 $y=f(x)$가 x축과 점 $(\pi, 0)$에서 만날 때, 곡선 $y=f(x)$ 위의 점 $(2\pi, f(2\pi))$에서의 접선의 y절편은?

① $1-4\pi^2$ ② $2-4\pi^2$ ③ $3-4\pi^2$ ④ $4-4\pi^2$ ⑤ $5-4\pi^2$

1 정적분의 정의와 성질

(1) 정적분의 정의

닫힌 구간 $[a, b]$에서 연속인 함수 $f(x)$에 대하여 $f(x)$의 한 부정적분을 $F(x)$ 라 할 때,

$$\int_a^b f(x)dx = \Big[F(x) \Big]_a^b = F(b) - F(a)$$

참고 $\int_a^a f(x)dx = 0, \ \int_a^b f(x)dx = -\int_b^a f(x)dx$

(2) 정적분의 성질

세 실수 a, b, c를 포함하는 구간에서 두 함수 $f(x)$, $g(x)$가 연속일 때

① $\int_a^b \{ f(x) + g(x) \}dx = \int_a^b f(x)dx + \int_a^b g(x)dx$

② $\int_a^b \{ f(x) - g(x) \}dx = \int_a^b f(x)dx - \int_a^b g(x)dx$

③ $\int_a^b kf(x)dx = k\int_a^b f(x)dx$ (단, k는 상수)

④ $\int_a^c f(x)dx + \int_c^b f(x)dx = \int_a^b f(x)dx$

Plus

참고
연속함수 $f(x)$가 모든 실수 x에 대하여
① $f(-x) = -f(x)$이면
$$\int_{-a}^a f(x)dx = 0$$
② $f(-x) = f(x)$이면
$$\int_{-a}^a f(x)dx$$
$$= 2\int_0^a f(x)dx$$

예제 1 다음 정적분의 값을 구하시오.

(1) $\int_0^1 (3^{x+2} - 2e^x)dx$

(2) $\int_{\frac{\pi}{4}}^{\frac{\pi}{3}} \sec x \tan x \, dx$

풀이 (1) $\int_0^1 (3^{x+2} - 2e^x)dx = 9\int_0^1 3^x dx - 2\int_0^1 e^x dx = 9\Big[\dfrac{3^x}{\ln 3} \Big]_0^1 - 2\Big[e^x \Big]_0^1$

$= 9\Big(\dfrac{3}{\ln 3} - \dfrac{1}{\ln 3} \Big) - 2(e-1) = \dfrac{18}{\ln 3} - 2e + 2$

(2) $\int_{\frac{\pi}{4}}^{\frac{\pi}{3}} \sec x \tan x \, dx = \Big[\underbrace{\sec x}_{(\sec x)' = \sec x \tan x} \Big]_{\frac{\pi}{4}}^{\frac{\pi}{3}} = \sec \dfrac{\pi}{3} - \sec \dfrac{\pi}{4} = 2 - \sqrt{2}$

답 (1) $\dfrac{18}{\ln 3} - 2e + 2$　(2) $2 - \sqrt{2}$

🔵 8854-0137

유제

1 다음 정적분의 값을 구하시오.

(1) $\int_0^1 \dfrac{x+1}{\sqrt[3]{x}+1}dx$

(2) $\int_0^{\frac{\pi}{3}} (\sin x + \sec^2 x)dx$

🔵 8854-0138

2 $\int_0^1 (1+\sqrt{x})^2 dx - \int_4^1 (1+\sqrt{x})^2 dx$의 값을 구하시오.

2 치환적분법을 이용한 정적분

(1) $\int_a^b f(g(x))g'(x)dx$ 꼴의 정적분

$g(x)=t$로 놓으면

$$\int_a^b f(g(x))g'(x)dx = \int_{g(a)}^{g(b)} f(t)dt$$

참고 $\int_a^b \dfrac{f'(x)}{f(x)}\,dx = \Big[\ln|f(x)|\Big]_a^b = \ln|f(b)| - \ln|f(a)| = \ln\left|\dfrac{f(b)}{f(a)}\right|$

(2) $\int_a^b f(x)dx$에서 미분가능한 함수 $x=g(t)$의 도함수 $g'(t)$가 연속이고

$a=g(\alpha)$, $b=g(\beta)$이면

$$\int_a^b f(x)dx = \int_\alpha^\beta f(g(t))g'(t)dt$$

Plus

❶ 함수 $f(x)$의 한 부정적분을 $F(x)$라 하면
$\dfrac{d}{dx}F(g(x))$
$=F'(g(x))g'(x)$
$=f(g(x))g'(x)$
즉, $F(g(x))$는
$f(g(x))g'(x)$의 한 부정적분이므로
$\int_a^b f(g(x))g'(x)dx$
$=\Big[F(g(x))\Big]_a^b$
$=F(g(b))-F(g(a))$
$=\Big[F(t)\Big]_{g(a)}^{g(b)}$
$=\int_{g(a)}^{g(b)} f(t)dt$

 예제 2 다음 정적분의 값을 구하시오.

(1) $\int_2^3 (2x-3)(x^2-3x+1)^3 dx$ (2) $\int_0^1 \dfrac{1}{1+x^2}dx$

풀이 (1) $x^2-3x+1=t$로 놓으면 $\dfrac{dt}{dx}=2x-3$이고

$x=2$일 때 $t=-1$, $x=3$일 때 $t=1$이므로

$$\int_2^3 (2x-3)(x^2-3x+1)^3 dx = \int_{-1}^1 t^3 dt = \left[\dfrac{1}{4}t^4\right]_{-1}^1 = 0$$

(2) $x=\tan t \left(-\dfrac{\pi}{2} < t < \dfrac{\pi}{2}\right)$로 놓으면 $\dfrac{dx}{dt}=\sec^2 t$이고

$x=0$일 때 $t=0$, $x=1$일 때 $t=\dfrac{\pi}{4}$이므로

$$\int_0^1 \dfrac{1}{1+x^2}dx = \int_0^{\frac{\pi}{4}} \underbrace{\dfrac{1}{\sec^2 t}}_{1+\tan^2 t = \sec^2 t} \times \sec^2 t\, dt = \int_0^{\frac{\pi}{4}} 1\, dt = \Big[t\Big]_0^{\frac{\pi}{4}} = \dfrac{\pi}{4}$$

답 (1) 0 (2) $\dfrac{\pi}{4}$

🔗 8854-0139

 유제 3 다음 정적분의 값을 구하시오.

(1) $\int_{\frac{\pi}{6}}^{\frac{\pi}{3}} \tan x \sec^2 x\, dx$ (2) $\int_1^2 (2x-3)^4 dx$

🔗 8854-0140

4 $\int_{-1}^1 \dfrac{2x+2}{x^2+2x+5}dx$의 값을 구하시오.

❸ 부분적분법을 이용한 정적분

미분가능한 두 함수 $f(x)$, $g(x)$에 대하여 $f'(x)$, $g'(x)$가 닫힌 구간 $[a, b]$에서 연속일 때,

$$\int_a^b f(x)g'(x)dx = \left[f(x)g(x) \right]_a^b - \int_a^b f'(x)g(x)dx$$
①

보기 $\int_1^e \ln x\,dx$의 값을 구해 보자.

$\ln x = (\ln x) \times 1$에서 $f(x) = \ln x$, $g'(x) = 1$로 놓으면

$f'(x) = \dfrac{1}{x}$, $g(x) = x$이므로 부분적분법에 의하여

$$\int_1^e (\ln x) \times 1\,dx = \left[(\ln x) \times x \right]_1^e - \int_1^e \frac{1}{x} \times x\,dx = e - \int_1^e 1\,dx = e - \left[x \right]_1^e = 1$$

> **Plus**
>
> ❶ 함수 $f(x)g(x)$는 $\{f'(x)g(x)+f(x)g'(x)\}$의 한 부정적분이므로
> $$\int_a^b \{ f'(x)g(x)$$
> $$+f(x)g'(x)\}\,dx$$
> $$= \left[f(x)g(x) \right]_a^b$$
> 정적분의 성질에 의하여
> $$\int_a^b f'(x)g(x)\,dx$$
> $$+\int_a^b f(x)g'(x)\,dx$$
> $$= \left[f(x)g(x) \right]_a^b$$

예제 3 다음 정적분의 값을 구하시오.

(1) $\displaystyle\int_1^e \frac{\ln x}{x^2}dx$

(2) $\displaystyle\int_0^1 x^2 e^x\,dx$

풀이 (1) $\dfrac{\ln x}{x^2} = (\ln x) \times \dfrac{1}{x^2}$에서 $f(x) = \ln x$, $g'(x) = \dfrac{1}{x^2}$로 놓으면

$f'(x) = \dfrac{1}{x}$, $g(x) = -\dfrac{1}{x}$이므로 부분적분법에 의하여

$$\int_1^e (\ln x) \times \frac{1}{x^2}\,dx = \left[(\ln x) \times \left(-\frac{1}{x} \right) \right]_1^e - \int_1^e \frac{1}{x} \times \left(-\frac{1}{x} \right)dx$$

$$= \left[-\frac{\ln x}{x} \right]_1^e + \int_1^e \frac{1}{x^2}dx = -\frac{1}{e} + \left[-x^{-1} \right]_1^e = -\frac{2}{e} + 1$$

(2) $f(x) = x^2$, $g'(x) = e^x$으로 놓으면

$f'(x) = 2x$, $g(x) = e^x$이므로 부분적분법에 의하여

$$\int_0^1 x^2 e^x\,dx = \left[x^2 e^x \right]_0^1 - \int_0^1 2x \times e^x\,dx = e - 2\int_0^1 xe^x\,dx \qquad \cdots\cdots\ \ominus$$

이때 $\displaystyle\int_0^1 xe^x\,dx$에서 부분적분법을 한 번 더 적용하면

$h(x) = x$, $k'(x) = e^x$라 하면 $h'(x) = 1$, $k(x) = e^x$

$$\int_0^1 xe^x\,dx = \left[xe^x \right]_0^1 - \int_0^1 e^x\,dx = e - \left[e^x \right]_0^1 = 1$$

따라서 ㉠에서 $\displaystyle\int_0^1 x^2 e^x\,dx = e - 2\int_0^1 xe^x\,dx = e - 2$

🔑 (1) $-\dfrac{2}{e} + 1$　(2) $e - 2$

유제

◎ 8854-0141

5 다음 정적분의 값을 구하시오.

(1) $\displaystyle\int_0^1 xe^{3x}\,dx$

(2) $\displaystyle\int_0^{\frac{\pi}{4}} (x+1)\sec^2 x\,dx$

정답과 풀이 33쪽

| 지수함수의 정적분 |

○ 8854-0142

1 $\int_{-1}^{1} |e^x - 1| dx$의 값은?

① $e + \dfrac{1}{e} - 2$ 　② $e + \dfrac{1}{e} - 1$ 　③ $e + \dfrac{1}{e}$ 　④ $e + \dfrac{1}{e} + 1$ 　⑤ $e + \dfrac{1}{e} + 2$

| 삼각함수의 정적분 |

○ 8854-0143

2 $\int_{-\frac{\pi}{2}}^{\frac{\pi}{2}} (\cos x - x \cos x) dx$의 값은?

① -2 　② -1 　③ 0 　④ 1 　⑤ 2

| 치환적분법을 이용한 정적분 |

○ 8854-0144

3 함수 $f(x) = \int_0^{\ln 2} \left(x^2 - 2x + \dfrac{e^t}{e^t + 1} \right) dt$에 대하여 $f(1)$의 값은?

① $-2 \ln 2$ 　② $-\ln 2$ 　③ $\ln \dfrac{3}{4}$ 　④ 0 　⑤ $\ln \dfrac{5}{4}$

| 치환적분법을 이용한 정적분 |

○ 8854-0145

4 연속함수 $f(x)$에 대하여 $\int_1^3 f(x) dx = 2$일 때, 정적분 $\int_1^9 \dfrac{f(\sqrt{x})}{\sqrt{x}} dx$의 값은?

① $\dfrac{1}{\sqrt{2}}$ 　② 1 　③ $\sqrt{2}$ 　④ 2 　⑤ 4

| 부분적분법을 이용한 정적분 |

○ 8854-0146

5 $\int_0^{\pi} e^x \sin x \, dx$의 값은?

① $\dfrac{e^{\pi} - 2}{2}$ 　② $\dfrac{e^{\pi} - 1}{2}$ 　③ $\dfrac{e^{\pi}}{2}$ 　④ $\dfrac{e^{\pi} + 1}{2}$ 　⑤ $\dfrac{e^{\pi} + 2}{2}$

03 정적분의 활용

1 정적분과 급수

(1) 넓이와 급수의 합

함수 $f(x)$가 닫힌 구간 $[a, b]$에서 연속이고 $f(x) \geq 0$일 때, 곡선 $y=f(x)$와 x축 및 두 직선 $x=a$, $x=b$로 둘러싸인 도형의 넓이를 S라 하면

$$S=\lim_{n \to \infty} \sum_{k=1}^{n} f(x_k) \Delta x \left(\text{단, } \Delta x=\frac{b-a}{n}, \ x_k=a+k\Delta x\right)$$

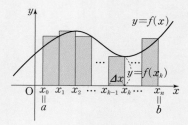

참고 닫힌 구간 $[a, b]$에서 $f(x) \geq 0$일 때, $S=\displaystyle\int_a^b f(x)dx$

(2) 정적분과 급수의 합 사이의 관계

함수 $f(x)$가 닫힌 구간 $[a, b]$에서 연속일 때,

$$\int_a^b f(x)dx=\lim_{n \to \infty} \sum_{k=1}^{n} f(x_k) \Delta x \left(\text{단, } \Delta x=\frac{b-a}{n}, \ x_k=a+k\Delta x\right)$$

Plus

① 함수 $f(x)$가 닫힌 구간 $[a, b]$에서 연속일 때, 함수 $f(x)$의 한 부정적분 $F(x)$에 대하여
$$\int_a^b f(x)dx$$
$$=F(b)-F(a)$$

② 일반적으로 $f(x) \geq 0$이 아닌 경우에도 성립한다.

예제 1 $\displaystyle\int_0^2 x^2 dx$를 급수의 합을 이용하여 구하시오.

풀이 $\Delta x=\dfrac{2-0}{n}=\dfrac{2}{n}$, $x_k=0+k\Delta x=\dfrac{2k}{n}$, $f(x)=x^2$으로 놓으면

$f(x_k)=\left(\dfrac{2k}{n}\right)^2$이므로

$\displaystyle\int_0^2 x^2 dx=\lim_{n \to \infty} \sum_{k=1}^{n} f(x_k) \Delta x$

$\quad=\displaystyle\lim_{n \to \infty} \sum_{k=1}^{n} \left(\dfrac{2k}{n}\right)^2 \times \dfrac{2}{n}=\lim_{n \to \infty} \sum_{k=1}^{n} \dfrac{8k^2}{n^3}$

$\quad=\displaystyle\lim_{n \to \infty} \dfrac{8}{n^3} \sum_{k=1}^{n} k^2=\lim_{n \to \infty} \dfrac{8}{n^3} \left\{\dfrac{n(n+1)(2n+1)}{6}\right\}$

$\quad=\dfrac{8}{3}$

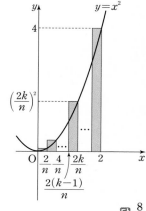

답 $\dfrac{8}{3}$

○ 8854-0147

유제 1 다음 정적분을 급수의 합을 이용하여 구하시오.

(1) $\displaystyle\int_0^1 (-x^3)dx$

(2) $\displaystyle\int_1^3 x(x-1)dx$

2 넓이와 부피

(1) 곡선으로 둘러싸인 도형의 넓이

함수 $f(x)$가 닫힌 구간 $[a, b]$에서 연속일 때, 곡선 $y=f(x)$와 x축 및 두 직선 $x=a$, $x=b$로 둘러싸인 도형의 넓이 S는

$$S=\int_a^b |f(x)|dx$$

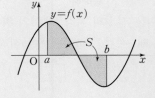

(2) 두 곡선으로 둘러싸인 도형의 넓이

두 함수 $f(x)$, $g(x)$가 닫힌 구간 $[a, b]$에서 연속일 때, 두 곡선 $y=f(x)$, $y=g(x)$ 및 두 직선 $x=a$, $x=b$로 둘러싸인 도형의 넓이 S는

$$S=\int_a^b |f(x)-g(x)|dx$$

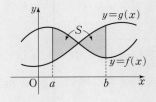

(3) 입체도형의 부피

닫힌 구간 $[a, b]$의 임의의 점 x에서 x축에 수직인 평면으로 자른 단면의 넓이가 $S(x)$인 입체도형의 부피 V는

$$V=\int_a^b S(x)dx$$

(단, $S(x)$는 닫힌 구간 $[a, b]$에서 연속이다.)

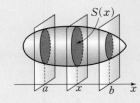

Plus

참고 함수 $g(y)$가 닫힌 구간 $[c, d]$에서 연속일 때, 곡선 $x=g(y)$와 y축 및 두 직선 $y=c$, $y=d$로 둘러싸인 도형의 넓이 S는

$$S=\int_c^d |g(y)|dy$$

보기 밑면의 넓이가 S이고 높이가 h인 사각뿔의 부피를 정적분을 이용하여 구해 보자.

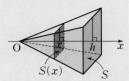

사각뿔의 꼭짓점 O에서 밑면에 내린 수선을 x축으로 정할 때, 닮음의 성질에 의하여 $S(x)=\dfrac{S}{h^2}x^2$이므로

$$V=\int_o^h S(x)dx$$
$$=\left[\frac{S}{3h^2}x^3\right]_0^h=\frac{1}{3}Sh$$

예제 2 곡선 $y=e^x-1$과 x축 및 두 직선 $x=-1$, $x=1$로 둘러싸인 도형의 넓이는?

① $e-\dfrac{1}{e}-2$ ② $e-\dfrac{1}{e}-1$ ③ $e+\dfrac{1}{e}-2$ ④ $e+\dfrac{1}{e}-1$ ⑤ $e+\dfrac{1}{e}$

풀이 $f(x)=e^x-1$로 놓으면

$-1\le x\le 0$일 때 $f(x)\le 0$, $0\le x\le 1$일 때 $f(x)\ge 0$

따라서 구하는 도형의 넓이는

$$\int_{-1}^1 |e^x-1|dx=\int_{-1}^0 (-e^x+1)dx+\int_0^1 (e^x-1)dx=\left[-e^x+x\right]_{-1}^0+\left[e^x-x\right]_0^1$$

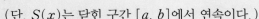
$$\int_{-1}^1 |e^x-1|dx=\int_{-1}^0 |e^x-1|dx+\int_0^1 |e^x-1|dx=\int_{-1}^0 -(e^x-1)dx+\int_0^1 (e^x-1)dx$$

$$=\{(-1+0)-(-e^{-1}-1)\}+\{(e-1)-(1-0)\}=e+\frac{1}{e}-2$$

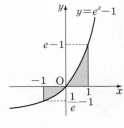

답 ③

◆ 8854-0148

유제 2 다음 도형의 넓이를 구하시오.

(1) 곡선 $y=\ln x$와 y축 및 두 직선 $y=-1$, $y=1$로 둘러싸인 도형

(2) 두 곡선 $y=\sqrt{x}$, $y=x^3$으로 둘러싸인 도형

03 정적분의 활용

정답과 풀이 35쪽

3 속도와 거리, 곡선의 길이

(1) 속도와 거리

좌표평면 위를 움직이는 점 P의 시각 t에서의 위치 (x, y)가
$x=f(t)$, $y=g(t)$일 때, 시각 $t=a$에서 $t=b$까지 점 P가 움직인 거리 s는

$$s=\int_a^b \sqrt{\left(\frac{dx}{dt}\right)^2+\left(\frac{dy}{dt}\right)^2}\,dt=\int_a^b \sqrt{\{f'(t)\}^2+\{g'(t)\}^2}\,dt$$

(2) 곡선의 길이

① 매개변수로 나타낸 함수 $x=f(t)$, $y=g(t)$에 대하여 이 곡선의 $t=a$에서 $t=b$까지의 길이 l은

$$l=\int_a^b \sqrt{\left(\frac{dx}{dt}\right)^2+\left(\frac{dy}{dt}\right)^2}\,dt=\int_a^b \sqrt{\{f'(t)\}^2+\{g'(t)\}^2}\,dt$$

② 미분가능한 함수 $f(x)$에 대하여 곡선 $y=f(x)$의 $x=a$에서 $x=b$까지의 길이 l은

$$l=\int_a^b \sqrt{1+\{f'(x)\}^2}\,dx$$

Plus

참고 수직선 위를 움직이는 점 P의 시각 t에서의 속도가 $v(t)$일 때,
① 점 P의 시각 t_0에서의 위치가 x_0이면, 점 P의 시각 t에서의 위치 x는
$$x=x_0+\int_{t_0}^t v(t)dt$$
② 시각 $t=a$에서 $t=b$까지 점 P의 위치의 변화량은
$$\int_a^b v(t)dt$$
③ 시각 $t=a$에서 $t=b$까지 점 P가 움직인 거리 s는
$$s=\int_a^b |v(t)|dt$$

 3 좌표평면 위를 움직이는 점 P의 시각 t에서의 위치 (x, y)가 $x=\cos t+t\sin t$, $y=\sin t-t\cos t$일 때, 시각 $t=0$에서 $t=2\pi$까지 점 P가 움직인 거리는?

① π^2 ② $2\pi^2$ ③ $3\pi^2$ ④ $4\pi^2$ ⑤ $5\pi^2$

풀이 $\dfrac{dx}{dt}=-\sin t+(\sin t+t\cos t)=t\cos t$

$\dfrac{dy}{dt}=\cos t-(\cos t-t\sin t)=t\sin t$

이므로 시각 $t=0$에서 $t=2\pi$까지 점 P가 움직인 거리는

$$\int_0^{2\pi}\sqrt{\left(\frac{dx}{dt}\right)^2+\left(\frac{dy}{dt}\right)^2}\,dt=\int_0^{2\pi}\sqrt{(t\cos t)^2+(t\sin t)^2}\,dt$$

$$=\int_0^{2\pi} t\,dt=\left[\frac{1}{2}t^2\right]_0^{2\pi}=2\pi^2$$

답 ②

○ 8854-0149

 3 수직선 위를 움직이는 점 P의 시각 t에서의 속도가 $v(t)=(2t-4)e^{t^2-4t+1}$일 때, 시각 $t=1$에서 $t=4$까지 점 P의 위치의 변화량을 구하시오.

○ 8854-0150

4 매개변수로 나타낸 함수 $x=t^3$, $y=t^2$에 대하여 이 곡선의 $t=0$에서 $t=\dfrac{1}{3}$까지의 길이는 $p\sqrt{5}+q$이다. $p+q$의 값을 구하시오. (단, p, q는 유리수이다.)

| 정적분과 급수 |

8854-0151

1 함수 $f(x)=3^x+3x^2$에 대하여 $\displaystyle\lim_{n\to\infty}\sum_{k=1}^{n}f\left(2+\frac{k}{n}\right)\frac{1}{n}=\frac{p}{\ln 3}+q$일 때, $p-q$의 값은?

(단, p, q는 유리수이다.)

① -2 ② -1 ③ 0 ④ 1 ⑤ 2

| 곡선으로 둘러싸인 도형의 넓이 |

8854-0152

2 곡선 $y=\tan\dfrac{\pi}{3}x\left(0\le x<\dfrac{3}{2}\right)$ 위의 점 $A(1,\ \sqrt{3})$에 대하여 이 곡선과 선분 OA로 둘러싸인 도형의

넓이가 $p\sqrt{3}+\dfrac{q}{\pi}\ln 2$일 때, pq의 값은? (단, O는 원점이고, p, q는 유리수이다.)

① $-\dfrac{5}{2}$ ② -2 ③ $-\dfrac{3}{2}$ ④ -1 ⑤ $-\dfrac{1}{2}$

| 곡선으로 둘러싸인 도형의 넓이 |

8854-0153

3 곡선 $y=\sqrt{2x}$와 직선 $y=2x-2$ 및 x축으로 둘러싸인 도형의 넓이는?

① $\dfrac{1}{3}$ ② $\dfrac{2}{3}$ ③ 1

④ $\dfrac{4}{3}$ ⑤ $\dfrac{5}{3}$

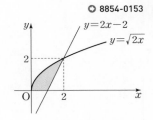

| 속도와 거리 |

8854-0154

4 좌표평면 위를 움직이는 점 P의 시각 t에서의 속도가 $(te^t,\ \sqrt{2t+1}e^t)$일 때, 시각 $t=1$에서 $t=2$까지 점 P가 움직인 거리는?

① $2e^2-2e$ ② $2e^2-e$ ③ $2e^2$ ④ $2e^2+e$ ⑤ $2e^2+2e$

| 곡선의 길이 |

8854-0155

5 곡선 $y=\dfrac{2}{3}(2x+1)^{\frac{3}{2}}$의 $x=\dfrac{1}{2}$에서 $x=\dfrac{11}{8}$까지의 길이는?

① $\dfrac{37}{12}$ ② $\dfrac{19}{6}$ ③ $\dfrac{13}{4}$ ④ $\dfrac{10}{3}$ ⑤ $\dfrac{41}{12}$

1 함수 $f(x)$에 대하여 $f'(x)=\dfrac{x+1}{\sqrt{x}}$이고 $f(1)=\dfrac{2}{3}$일 때, $f(9)$의 값은? ○ 8854-0156

① 21 ② 22 ③ 23
④ 24 ⑤ 25

2 원점을 지나는 곡선 $y=f(x)$ 위의 점 $(t,\ f(t))$에서의 접선의 기울기가 2^{2t+1}일 때, $f(1)$의 값은? ○ 8854-0157

① $\dfrac{1}{\ln 2}$ ② $\dfrac{2}{\ln 2}$ ③ $\dfrac{3}{\ln 2}$
④ $\dfrac{4}{\ln 2}$ ⑤ $\dfrac{5}{\ln 2}$

3 미분가능한 두 함수 $f(x)$, $g(x)$가 다음 조건을 만족시킨다. ○ 8854-0158

> (가) $f(x)+g(x)=\sin x+\cos x$
> (나) $f'(x)-g'(x)=\sin x$

$f(0)=2$, $g(0)=-1$일 때, $f(2\pi)+g(\pi)$의 값은?

① -2 ② -1 ③ 0
④ 1 ⑤ 2

4 함수 $f(x)$에 대하여 $f'(x)=4x\sin(x^2+3)$이다. 함수 $f(x)$의 최댓값을 M, 최솟값을 m이라 할 때, $M-m$의 값은? ○ 8854-0159

① 1 ② 2 ③ 3
④ 4 ⑤ 5

5 함수 $f(x)$에 대하여 $f'(x)=\dfrac{2x-1}{x^2-x+1}$, $f(-1)=2\ln 3$일 때, $f(1)$의 값은? ○ 8854-0160

① 0 ② 1 ③ $\ln 3$
④ $2\ln 3$ ⑤ $3\ln 3$

6 함수 $f(x)=\displaystyle\int(5x-7)\sqrt{x-2}\,dx$에 대하여 $f(3)=5$일 때, $f(6)$의 값은? ○ 8854-0161

① 81 ② 82 ③ 83
④ 84 ⑤ 85

7 양의 실수 전체의 집합에서 정의된 함수 $f(x)$의 한 부정적분 $F(x)$가 모든 양의 실수 x에 대하여 $F(x)=xf(x)-x^2\sin x$를 만족시키고 $f(\pi)=0$ 일 때, $f(2\pi)$의 값은?

① -2 ② -1 ③ 0

④ 1 ⑤ 2

8 양의 실수 전체의 집합에서 정의된 미분가능한 함수 $f(x)$가 모든 양의 실수 x에 대하여

$$xf(x)=3x+\int_1^x f(t)\,dt$$

를 만족시킬 때, $f(e)$의 값은?

① 2 ② 4 ③ 6

④ 8 ⑤ 10

9 연속함수 $f(x)$가 $f(x)=e^x+\int_{-1}^1 f(x)\,dx$를 만족시킬 때, $f(1)$의 값은?

① $\dfrac{1}{e}$ ② $\dfrac{2}{e}$ ③ $\dfrac{3}{e}$

④ $\dfrac{4}{e}$ ⑤ $\dfrac{5}{e}$

10 $\displaystyle\int_{\frac{1}{e}}^{1}\dfrac{1}{x(\ln x+2)^2}\,dx$의 값은?

① $\dfrac{1}{5}$ ② $\dfrac{1}{4}$ ③ $\dfrac{1}{3}$

④ $\dfrac{1}{2}$ ⑤ 1

11 $\displaystyle\int_0^{\pi} e^x\cos x\,dx=pe^{\pi}+q$일 때, $p+q$의 값은?

(단, p, q는 유리수이다.)

① -2 ② -1 ③ 0

④ 1 ⑤ 2

12 8854-0167

$\lim_{n \to \infty} \dfrac{1}{n^3} \{ (4n^2 + 1^2) + (4n^2 + 2^2) + \cdots + (4n^2 + n^2) \}$
의 값은?

① $\dfrac{11}{3}$ ② 4   ③ $\dfrac{13}{3}$

④ $\dfrac{14}{3}$ ⑤ 5

13 8854-0168

곡선 $y = \sin x \left(0 \leq x \leq \dfrac{\pi}{2} \right)$와 y축 및 두 직선

$y = \dfrac{1}{2}$, $y = 1$로 둘러싸인 도형의 넓이는?

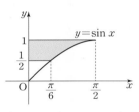

① $\dfrac{\pi}{3} - 1$ ② $\dfrac{\pi}{3} - \dfrac{\sqrt{3}}{2}$ ③ $\dfrac{5\pi}{12} - 1$

④ $\dfrac{5\pi}{12} - \dfrac{\sqrt{3}}{2}$ ⑤ $\dfrac{5\pi}{12} - \dfrac{1}{2}$

14 8854-0169

매개변수로 나타낸 함수 $x = \ln t$, $y = \dfrac{1}{2} \left(t + \dfrac{1}{t} \right)$에

대하여 이 곡선의 $t = \dfrac{1}{e}$에서 $t = e$까지의 길이는?

① $\dfrac{e^2 - 1}{5e}$ ② $\dfrac{e^2 - 1}{4e}$ ③ $\dfrac{e^2 - 1}{3e}$

④ $\dfrac{e^2 - 1}{2e}$ ⑤ $\dfrac{e^2 - 1}{e}$

서술형 문항

15 8854-0170

밑면의 반지름의 길이가 3, 높이가 6인 원기둥이 있다. 밑면의 중심을 지나고, 밑면과 60°의 각을 이루는 평면으로 이 원기둥을 자를 때 생기는 두 입체도형 중에서 작은 것의 부피를 구하시오.

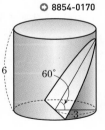

16 8854-0171

수직선 위를 움직이는 점 P의 시각 t에서의 속도가 $v(t) = \sin t \cos t$일 때, 시각 $t = 0$에서 $t = \dfrac{2\pi}{3}$까지 점 P가 움직인 거리를 구하시오.

기출문항 변형

함수 $f(x)=\int \dfrac{x}{\sqrt{x^2+3}}\,dx$에 대하여 곡선 $y=f(x)$는 점 $(1,-1)$을 지난다. 곡선 $y=f(x)$가 x축과 만나는 두 점을 A, B라 할 때, 선분 AB의 길이는?

① $2\sqrt{5}$ ② $\sqrt{22}$ ③ $2\sqrt{6}$
④ $\sqrt{26}$ ⑤ $2\sqrt{7}$

풀이

$x^2+3=t$로 놓으면 $\dfrac{dt}{dx}=2x$이므로

$$f(x)=\int \frac{x}{\sqrt{x^2+3}}\,dx$$
$$=\int \frac{1}{\sqrt{t}}\times\frac{1}{2}\,dt$$
$$=\frac{1}{2}\times 2t^{\frac{1}{2}}+C$$
$$=\sqrt{t}+C$$
$$=\sqrt{x^2+3}+C \ (단, C는 적분상수)$$

곡선 $y=\sqrt{x^2+3}+C$가 점 $(1,-1)$을 지나므로
$-1=2+C$에서 $C=-3$
따라서 $f(x)=\sqrt{x^2+3}-3$
곡선 $y=f(x)$가 x축과 만나는 점의 y좌표는 0이므로
$0=\sqrt{x^2+3}-3$에서 $\sqrt{x^2+3}=3$
양변을 제곱하여 정리하면
$x^2+3=9$
$x^2=6,\ x=-\sqrt{6}$ 또는 $x=\sqrt{6}$
따라서 주어진 그래프는 두 점 $(-\sqrt{6},\,0)$, $(\sqrt{6},\,0)$을 지나므로
$\overline{\mathrm{AB}}=|\sqrt{6}-(-\sqrt{6})|=2\sqrt{6}$

답 ③

🔵 8854-0172

1 함수 $f(x)=\int (1-\sin x)^2 \cos x\,dx$에 대하여 $f\left(\dfrac{\pi}{2}\right)=1$일 때, 방정식 $f(\theta)=\dfrac{2}{3}$를 만족시키는 θ의 값은? (단, $-\pi<\theta<\pi$)

① $-\dfrac{\pi}{3}$ ② $-\dfrac{\pi}{6}$ ③ 0
④ $\dfrac{\pi}{6}$ ⑤ $\dfrac{\pi}{3}$

🔵 8854-0173

2 함수 $f(x)=\displaystyle\int_0^x \dfrac{1}{e^t+1}\,dt$에 대하여 $f(a)=2$일 때, $\displaystyle\int_0^a \dfrac{\ln\{f(x)+1\}}{e^x+1}\,dx$의 값은?

① $3\ln 3-2$ ② $3\ln 3-1$ ③ $3\ln 3$
④ $3\ln 3+1$ ⑤ $3\ln 3+2$

memo

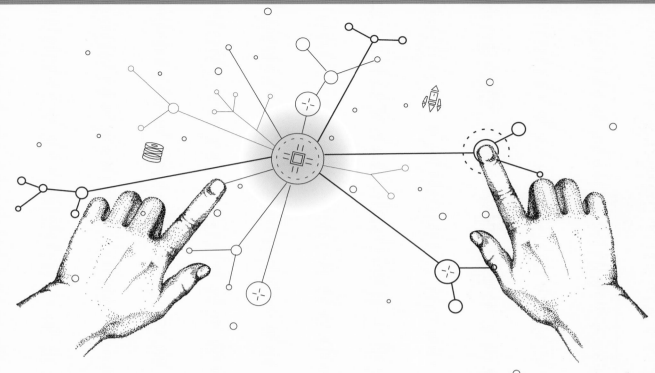

올림포스

[국어, 영어, 수학의 EBS 대표 교재, 올림포스]

2015 개정 교육과정에 따른 모든 교과서의 기본 개념 정리
내신과 수능을 대비하는 다양한 평가 문항
수행평가 대비 코너 제공

국어, 영어, 수학은 EBS 올림포스로 끝낸다.

[올림포스 16책]

국어 영역 : 국어, 현대문학, 고전문학, 독서, 언어와 매체, 화법과 작문
영어 영역 : 독해의 기본1, 독해의 기본2, 구문 연습 300
수학 영역 : 수학(상), 수학(하), 수학 I , 수학 II , 미적분, 확률과 통계, 기하

정답과 풀이

단기간에 내신을 끝내는 수학별 문항 구성

단숨에 켠다.

단기 특강 미적분

예비 고등학생을 위한 기본 수학 개념서

50일 수학 상 하

50일 수학 상 하 |2책|

- 중학 수학과 고교 1학년 **수학 총정리**

- 수학의 **영역별 핵심 개념**을 완벽 정리

- 주제별 개념 정리로 **모르는 개념과 공식만** 집중 연습

"고등학교 수학, 더 이상의 걱정은 없다!"

단숨에 켠다.

EBS 단기 특강 **미적분**

정답과 풀이

01 수열의 극한

 유제

본문 4~10쪽

1 (1) 수열 $\{a_n\}$에서 $a_n=2$이면 $a_1=2$, $a_2=2$, $a_3=2$, $a_4=2$, …이므로 n이 한없이 커질 때 a_n의 값은 항상 2이므로 수렴한다.

즉, 수열 $\{2\}$는 수렴하고 그 극한값은 2이다.

(2) 수열 $\{a_n\}$에서 $a_n=1+(-1)^n$이면

$a_1=1+(-1)^1=0$

$a_2=1+(-1)^2=2$

$a_3=1+(-1)^3=0$

$a_4=1+(-1)^4=2$

⋮

따라서 수열 $\{a_n\}$은 0, 2, 0, 2, 0, 2, …이므로 진동, 즉 발산한다.

답 (1) 수렴, 2 (2) 발산(진동)

2 $\displaystyle\lim_{n\to\infty}a_n=-\frac{1}{2}$에서

$\displaystyle\lim_{n\to\infty}4a_n=4\lim_{n\to\infty}a_n=4\times\left(-\frac{1}{2}\right)=-2$

즉, 수열 $\{4a_n\}$은 -2에 수렴한다.

$\displaystyle\lim_{n\to\infty}b_n=4$에서

$\displaystyle\lim_{n\to\infty}5b_n=5\lim_{n\to\infty}b_n=5\times4=20$

즉, 수열 $\{5b_n\}$은 20에 수렴한다.

따라서 수열의 극한에 대한 기본 성질에 의하여

$\displaystyle\lim_{n\to\infty}(4a_n+5b_n)=\lim_{n\to\infty}4a_n+\lim_{n\to\infty}5b_n$

$\phantom{\lim_{n\to\infty}(4a_n+5b_n)}=-2+20=18$

답 18

3 $\displaystyle\lim_{n\to\infty}a_n=2$에서 $\displaystyle\lim_{n\to\infty}2a_n=2\lim_{n\to\infty}a_n=2\times2=4$

즉, 수열 $\{2a_n\}$은 4에 수렴한다.

또, $\displaystyle\lim_{n\to\infty}(2a_n-3b_n)=-20$이므로 수열 $\{2a_n-3b_n\}$은 -20에 수렴한다.

따라서 수열의 극한에 대한 기본 성질에 의하여

$\displaystyle\lim_{n\to\infty}3b_n=\lim_{n\to\infty}\{2a_n-(2a_n-3b_n)\}$

$\phantom{\lim_{n\to\infty}3b_n}=\lim_{n\to\infty}2a_n-\lim_{n\to\infty}(2a_n-3b_n)$

$\phantom{\lim_{n\to\infty}3b_n}=4-(-20)=24$

이므로

$\displaystyle\lim_{n\to\infty}b_n=\lim_{n\to\infty}\left(\frac{1}{3}\times3b_n\right)=\frac{1}{3}\lim_{n\to\infty}3b_n$

$\phantom{\lim_{n\to\infty}b_n}=\frac{1}{3}\times24=8$

답 8

4 $\displaystyle\lim_{n\to\infty}\left(\frac{n^2+1}{2n-1}-\frac{2n^3-1}{4n^2+1}\right)$

$\displaystyle=\lim_{n\to\infty}\frac{(n^2+1)(4n^2+1)-(2n^3-1)(2n-1)}{(2n-1)(4n^2+1)}$

$\displaystyle=\lim_{n\to\infty}\frac{2n^3+5n^2+2n}{8n^3-4n^2+2n-1}$

$\displaystyle=\lim_{n\to\infty}\frac{2+\dfrac{5}{n}+\dfrac{2}{n^2}}{8-\dfrac{4}{n}+\dfrac{2}{n^2}-\dfrac{1}{n^3}}$

$\displaystyle=\frac{2+0+0}{8-0+0-0}=\frac{1}{4}$

답 $\dfrac{1}{4}$

5 $\displaystyle\lim_{n\to\infty}\frac{(3n+1)(an-1)}{n^2+1}=\lim_{n\to\infty}\frac{3an^2+(a-3)n-1}{n^2+1}$

$\displaystyle\phantom{\lim_{n\to\infty}\frac{(3n+1)(an-1)}{n^2+1}}=\lim_{n\to\infty}\frac{3a+\dfrac{a-3}{n}-\dfrac{1}{n^2}}{1+\dfrac{1}{n^2}}$

$\displaystyle\phantom{\lim_{n\to\infty}\frac{(3n+1)(an-1)}{n^2+1}}=\frac{3a+0-0}{1+0}=3a$

또, $\displaystyle\lim_{n\to\infty}\frac{(3n+1)(an-1)}{n^2+1}=6$에서

$3a=6$, $a=2$

답 2

6 $\displaystyle\lim_{n\to\infty}(\sqrt{9n^2+n}-an)$

$\displaystyle=\lim_{n\to\infty}\frac{(\sqrt{9n^2+n}-an)(\sqrt{9n^2+n}+an)}{\sqrt{9n^2+n}+an}$

$\displaystyle=\lim_{n\to\infty}\frac{(9-a^2)n^2+n}{\sqrt{9n^2+n}+an}$

이때 $a\ne3$이면,

$\displaystyle\lim_{n\to\infty}(\sqrt{9n^2+n}-an)=\lim_{n\to\infty}\frac{(9-a^2)n^2+n}{\sqrt{9n^2+n}+an}$

$\displaystyle\phantom{\lim_{n\to\infty}(\sqrt{9n^2+n}-an)}=\lim_{n\to\infty}\frac{(9-a^2)n+1}{\sqrt{9+\dfrac{1}{n}}+a}$

이므로 수열 $\{\sqrt{9n^2+n}-an\}$은 양의 무한대 또는 음의 무한대로 발산한다.

즉, $\displaystyle\lim_{n\to\infty}(\sqrt{9n^2+n}-an)=\frac{1}{6}$을 만족시키지 않는다.

따라서 $a=3$

답 ⑤

[참고]

$a=3$이면,

$$\lim_{n\to\infty}(\sqrt{9n^2+n}-3n)=\lim_{n\to\infty}\frac{n}{\sqrt{9n^2+n}+3n}$$
$$=\lim_{n\to\infty}\frac{1}{\sqrt{9+\dfrac{1}{n}}+3}$$
$$=\frac{1}{3+3}=\frac{1}{6}$$

7 $\displaystyle\lim_{n\to\infty}\frac{a}{\sqrt{n^2+3n}-n}=\lim_{n\to\infty}\frac{a(\sqrt{n^2+3n}+n)}{(\sqrt{n^2+3n}-n)(\sqrt{n^2+3n}+n)}$

$$=\lim_{n\to\infty}\frac{a(\sqrt{n^2+3n}+n)}{3n}$$
$$=\lim_{n\to\infty}\frac{a\left(\sqrt{1+\dfrac{3}{n}}+1\right)}{3}$$
$$=\frac{a(1+1)}{3}=\frac{2a}{3}$$

또, $\displaystyle\lim_{n\to\infty}\frac{a}{\sqrt{n^2+3n}-n}=2$에서

$\dfrac{2a}{3}=2$, $2a=6$, $a=3$

답 ③

8 모든 자연수 n에 대하여 $3n^2-2n<a_n<3n^2+2n+1$이므로 각 변을 n^2 $(n^2>0)$으로 나누면

$$\frac{3n^2-2n}{n^2}<\frac{a_n}{n^2}<\frac{3n^2+2n+1}{n^2}$$

이고

$$\lim_{n\to\infty}\frac{3n^2-2n}{n^2}=\lim_{n\to\infty}\left(3-\frac{2}{n}\right)=3-0=3$$
$$\lim_{n\to\infty}\frac{3n^2+2n+1}{n^2}=\lim_{n\to\infty}\left(3+\frac{2}{n}+\frac{1}{n^2}\right)=3+0+0=3$$

따라서 수열의 극한의 대소 관계에 의하여

$$\lim_{n\to\infty}\frac{a_n}{n^2}=3$$

답 ⑤

9 모든 자연수 n에 대하여 $3n-2<a_n<3n+4$이므로
$3(2n+1)-2<a_{2n+1}<3(2n+1)+4$
$6n+1<a_{2n+1}<6n+7$
이고 각 변을 n $(n>0)$으로 나누면

$$\frac{6n+1}{n}<\frac{a_{2n+1}}{n}<\frac{6n+7}{n}$$

이고

$$\lim_{n\to\infty}\frac{6n+1}{n}=\lim_{n\to\infty}\left(6+\frac{1}{n}\right)=6+0=6$$

$$\lim_{n\to\infty}\frac{6n+7}{n}=\lim_{n\to\infty}\left(6+\frac{7}{n}\right)=6+0=6$$

따라서 수열의 극한의 대소 관계에 의하여

$$\lim_{n\to\infty}\frac{a_{2n+1}}{n}=6$$

답 ④

10 $\displaystyle\lim_{n\to\infty}\frac{2^{n+1}(3^n-1)}{6^{n-1}+3^n}=\lim_{n\to\infty}\frac{2^{n+1}\times 3^n-2^{n+1}}{6^{n-1}+3^n}$

$$=\lim_{n\to\infty}\frac{2\times 6^n-2\times 2^n}{\dfrac{1}{6}\times 6^n+3^n}$$
$$=\lim_{n\to\infty}\frac{2-2\times\left(\dfrac{1}{3}\right)^n}{\dfrac{1}{6}+\left(\dfrac{1}{2}\right)^n}$$
$$=\frac{2-0}{\dfrac{1}{6}+0}=12$$

답 ①

11 수열 $\left\{\dfrac{(2x+1)^n}{2^{n-1}+3^n}\right\}$에서

$$\frac{(2x+1)^n}{2^{n-1}+3^n}=\frac{(2x+1)^n}{\dfrac{1}{2}\times 2^n+3^n}$$
$$=\frac{\left(\dfrac{2x+1}{3}\right)^n}{\dfrac{1}{2}\times\left(\dfrac{2}{3}\right)^n+1}$$

이므로 수열 $\left\{\dfrac{(2x+1)^n}{2^{n-1}+3^n}\right\}$이 수렴하려면 등비수열

$\left(\dfrac{2x+1}{3}\right)^n$이 수렴해야 한다. 즉,

$-1<\dfrac{2x+1}{3}\leq 1$, $-3<2x+1\leq 3$, $-4<2x\leq 2$,

$-2<x\leq 1$

따라서 조건을 만족시키는 정수 x의 값은 -1, 0, 1이고 그 합은 0이다.

답 ③

12 $r>0$이므로 $0<r<1$, $r=1$, $r>1$의 세 경우로 나누어

수열 $\left\{\dfrac{r^{n+1}+1}{r^n+1}\right\}$의 극한을 조사하면 다음과 같다.

(i) $0<r<1$일 때
$\displaystyle\lim_{n\to\infty}r^n=0$이고 $\displaystyle\lim_{n\to\infty}r^{n+1}=\lim_{n\to\infty}r\times r^n=r\times\lim_{n\to\infty}r^n=0$
이므로
$$\lim_{n\to\infty}\frac{r^{n+1}+1}{r^n+1}=\frac{0+1}{0+1}=1\text{ (수렴)}$$

(ii) $r=1$일 때

$\lim\limits_{n\to\infty}r^n=\lim\limits_{n\to\infty}1^n=\lim\limits_{n\to\infty}1=1$이고

$\lim\limits_{n\to\infty}r^{n+1}=\lim\limits_{n\to\infty}1^{n+1}=\lim\limits_{n\to\infty}1=1$이므로

$\lim\limits_{n\to\infty}\dfrac{r^{n+1}+1}{r^n+1}=\dfrac{1+1}{1+1}=1$ (수렴)

(iii) $r>1$일 때

$\lim\limits_{n\to\infty}\left(\dfrac{1}{r}\right)^n=0$이므로 $\dfrac{r^{n+1}+1}{r^n+1}$의 분모, 분자를 각각 r^n으로 나누면

$\lim\limits_{n\to\infty}\dfrac{r^{n+1}+1}{r^n+1}=\lim\limits_{n\to\infty}\dfrac{r+\left(\dfrac{1}{r}\right)^n}{1+\left(\dfrac{1}{r}\right)^n}=\dfrac{r+0}{1+0}=r$ (수렴)

📑 $0<r\leq1$일 때 1에 수렴, $r>1$일 때 r에 수렴

13 $-1<r<1$, $r=-1$ 또는 $r=1$, $r<-1$ 또는 $r>1$의 세 경우로 나누어 수열 $\left\{\dfrac{r^{2n}-1}{r^{2n}+1}\right\}$의 극한을 조사하면 다음과 같다.

(i) $-1<r<1$일 때

$\lim\limits_{n\to\infty}r^{2n}=0$이므로

$\lim\limits_{n\to\infty}\dfrac{r^{2n}-1}{r^{2n}+1}=\dfrac{0-1}{0+1}=-1$ (수렴)

(ii) $r=-1$ 또는 $r=1$일 때

$\lim\limits_{n\to\infty}r^{2n}=1$이므로

$\lim\limits_{n\to\infty}\dfrac{r^{2n}-1}{r^{2n}+1}=\dfrac{1-1}{1+1}=0$ (수렴)

(iii) $r<-1$ 또는 $r>1$일 때

$\lim\limits_{n\to\infty}r^{2n}=\infty$이고 $\lim\limits_{n\to\infty}\dfrac{1}{r^{2n}}=0$이므로

$\dfrac{r^{2n}-1}{r^{2n}+1}$의 분모, 분자를 각각 r^{2n}으로 나누면

$\lim\limits_{n\to\infty}\dfrac{r^{2n}-1}{r^{2n}+1}=\lim\limits_{n\to\infty}\dfrac{1-\dfrac{1}{r^{2n}}}{1+\dfrac{1}{r^{2n}}}=\dfrac{1-0}{1+0}=1$ (수렴)

📑 $-1<r<1$일 때 -1, $r=-1$ 또는 $r=1$일 때 0,
$r<-1$ 또는 $r>1$일 때 1

기본핵심문제　　　　　　　　　　본문 11쪽

1 ②	**2** ③	**3** ④	**4** ①
5 ⑤	**6** ②		

1

$\lim\limits_{n\to\infty}\dfrac{a_n+2}{3a_n+4}=5$에서

$\dfrac{a_n+2}{3a_n+4}=b_n$으로 놓으면 $\lim\limits_{n\to\infty}b_n=5$

$a_n+2=3a_nb_n+4b_n$에서

$(3b_n-1)a_n=2(1-2b_n)$

$b_n\neq\dfrac{1}{3}$이므로 $a_n=\dfrac{2(1-2b_n)}{3b_n-1}$

$\lim\limits_{n\to\infty}a_n=\lim\limits_{n\to\infty}\dfrac{2(1-2b_n)}{3b_n-1}$

$=\dfrac{2(1-2\times5)}{3\times5-1}=-\dfrac{9}{7}$

📑 ②

[참고]

$b_n=\dfrac{1}{3}$이면 $\dfrac{a_n+2}{3a_n+4}=\dfrac{1}{3}$에서

$3a_n+6=3a_n+4$

즉, $6=4$가 되어 모순이므로 $b_n\neq\dfrac{1}{3}$이다.

2

$1^2+2^2+3^2+\cdots+n^2=\dfrac{n(n+1)(2n+1)}{6}$

$=\dfrac{1}{3}n^3+\dfrac{1}{2}n^2+\dfrac{1}{6}n$

이므로

$\lim\limits_{n\to\infty}\dfrac{1^2+2^2+3^2+\cdots+n^2}{n^3+2n+3}=\lim\limits_{n\to\infty}\dfrac{\dfrac{1}{3}n^3+\dfrac{1}{2}n^2+\dfrac{1}{6}n}{n^3+2n+3}$

$=\lim\limits_{n\to\infty}\dfrac{\dfrac{1}{3}+\dfrac{1}{2}\times\dfrac{1}{n}+\dfrac{1}{6}\times\dfrac{1}{n^2}}{1+\dfrac{2}{n^2}+\dfrac{3}{n^3}}$

$=\dfrac{\dfrac{1}{3}+0+0}{1+0+0}=\dfrac{1}{3}$

📑 ③

3

$\lim\limits_{n\to\infty}\dfrac{an+b}{\sqrt{n^2+n}-n}=\lim\limits_{n\to\infty}\dfrac{(an+b)(\sqrt{n^2+n}+n)}{(\sqrt{n^2+n}-n)(\sqrt{n^2+n}+n)}$

$=\lim\limits_{n\to\infty}\dfrac{(an+b)(\sqrt{n^2+n}+n)}{n}$ ……㉠

에서 $a\neq0$이면 수열 $\left\{\dfrac{an+b}{\sqrt{n^2+n}-n}\right\}$는 양의 무한대 또는 음의

무한대로 발산하므로 $\lim\limits_{n\to\infty}\dfrac{an+b}{\sqrt{n^2+n}-n}=5$를 만족시키지 않는다.

따라서 $a=0$

㉠에서

$$\lim_{n\to\infty}\frac{an+b}{\sqrt{n^2+n}-n}=\lim_{n\to\infty}\frac{(an+b)(\sqrt{n^2+n}+n)}{n}$$

$$=\lim_{n\to\infty}\frac{b(\sqrt{n^2+n}+n)}{n}$$

$$=\lim_{n\to\infty}b\left(\sqrt{1+\frac{1}{n}}+1\right)$$

$$=b(\sqrt{1+0}+1)=2b$$

이고 $\lim\limits_{n\to\infty}\dfrac{an+b}{\sqrt{n^2+n}-n}=5$이므로

$2b=5$, $b=\dfrac{5}{2}$

따라서

$a+b=0+\dfrac{5}{2}=\dfrac{5}{2}$

답 ④

4

모든 자연수 n에 대하여 $\left|a_n-\dfrac{1}{3}n\right|\leq2$이므로

$$-2\leq a_n-\frac{1}{3}n\leq2$$

$$\frac{1}{3}n-2\leq a_n\leq\frac{1}{3}n+2$$

$$\frac{1}{3}\times2n-2\leq a_{2n}\leq\frac{1}{3}\times2n+2$$

각 변을 $2n\,(2n>0)$으로 나누면

$$\frac{1}{3}-\frac{1}{n}\leq\frac{a_{2n}}{2n}\leq\frac{1}{3}+\frac{1}{n}$$

이고

$$\lim_{n\to\infty}\left(\frac{1}{3}-\frac{1}{n}\right)=\frac{1}{3},\ \lim_{n\to\infty}\left(\frac{1}{3}+\frac{1}{n}\right)=\frac{1}{3}$$

따라서 수열의 극한의 대소 관계에 의하여

$$\lim_{n\to\infty}\frac{a_{2n}}{2n}=\frac{1}{3}$$

답 ①

5

등비수열 $\{a_n\}$의 첫째항을 $a\,(a\neq0)$라 하면 공비가 2이므로 일반항 a_n은

$a_n=a\times2^{n-1}$

이고, 첫째항부터 제n항까지의 합 S_n은

$$S_n=\frac{a(2^n-1)}{2-1}=a(2^n-1)$$

따라서

$$\lim_{n\to\infty}\frac{a_n}{S_n}=\lim_{n\to\infty}\frac{a\times2^{n-1}}{a(2^n-1)}=\lim_{n\to\infty}\frac{2^{n-1}}{2^n-1}$$

$$=\lim_{n\to\infty}\frac{\frac{1}{2}\times2^n}{2^n-1}=\lim_{n\to\infty}\frac{\frac{1}{2}}{1-\left(\frac{1}{2}\right)^n}$$

$$=\frac{\frac{1}{2}}{1-0}=\frac{1}{2}$$

답 ⑤

6

$r>0$이므로 $0<r<1$, $r=1$, $r>1$의 세 경우로 나누어 수열 $\left\{\dfrac{3r^{n+1}+1}{r^n-2}\right\}$의 극한을 조사하면 다음과 같다.

(ⅰ) $0<r<1$일 때

$\lim\limits_{n\to\infty}r^n=0$이므로

$$\lim_{n\to\infty}\frac{3r^{n+1}+1}{r^n-2}=\lim_{n\to\infty}\frac{3r\times r^n+1}{r^n-2}$$

$$=\frac{0+1}{0-2}=-\frac{1}{2}\neq5$$

(ⅱ) $r=1$일 때

$\lim\limits_{n\to\infty}r^n=\lim\limits_{n\to\infty}1^n=\lim\limits_{n\to\infty}1=1$이고

$\lim\limits_{n\to\infty}r^{n+1}=\lim\limits_{n\to\infty}1^{n+1}=\lim\limits_{n\to\infty}1=1$이므로

$$\lim_{n\to\infty}\frac{3r^{n+1}+1}{r^n-2}=\lim_{n\to\infty}\frac{3\times1^{n+1}+1}{1^n-2}$$

$$=\frac{3+1}{1-2}=-4\neq5$$

(ⅲ) $r>1$일 때

$\lim\limits_{n\to\infty}\left(\dfrac{1}{r}\right)^n=0$이므로 $\dfrac{3r^{n+1}+1}{r^n-2}$의 분모, 분자를 각각 r^n으로 나누면

$$\lim_{n\to\infty}\frac{3r^{n+1}+1}{r^n-2}=\lim_{n\to\infty}\frac{3r\times r^n+1}{r^n-2}=\lim_{n\to\infty}\frac{3r+\left(\frac{1}{r}\right)^n}{1-2\times\left(\frac{1}{r}\right)^n}$$

$$=\frac{3r+0}{1-0}=3r$$

$3r=5$에서 $r=\dfrac{5}{3}$

따라서 (ⅰ), (ⅱ), (ⅲ)에서 구하는 실수 r의 값은 $\dfrac{5}{3}$이다.

답 ②

02 급수

본문 12~16쪽

1 주어진 급수 $\sum\limits_{n=1}^{\infty} a_n$의 제$n$항까지의 부분합 S_n이

$S_n = \dfrac{n+1}{3n-2}$이므로

$$\lim_{n\to\infty} S_n = \lim_{n\to\infty} \frac{n+1}{3n-2} = \lim_{n\to\infty} \frac{1+\dfrac{1}{n}}{3-\dfrac{2}{n}}$$

$$= \frac{1+0}{3-0} = \frac{1}{3}$$

따라서 수열 $\{S_n\}$이 수렴하므로 주어진 급수는 수렴하고 그

합은 $\dfrac{1}{3}$이다.

즉, $\sum\limits_{n=1}^{\infty} a_n = \dfrac{1}{3}$

답 $\dfrac{1}{3}$

2 $\sum\limits_{n=1}^{\infty} \dfrac{a_n-2n}{3n-1} = 4$에서 급수 $\sum\limits_{n=1}^{\infty} \dfrac{a_n-2n}{3n-1}$이 수렴하므로 급수

와 수열의 극한 사이의 관계에 의하여

$$\lim_{n\to\infty} \frac{a_n-2n}{3n-1} = 0$$

한편

$$\lim_{n\to\infty} \frac{a_n-2n}{3n-1} = \lim_{n\to\infty} \frac{\dfrac{a_n}{n}-2}{3-\dfrac{1}{n}} = 0$$이고

$$\lim_{n\to\infty}\left(3-\frac{1}{n}\right) = 3-0 = 3$$이므로

$$\lim_{n\to\infty}\left(\frac{a_n}{n}-2\right) = 0$$

따라서

$$\lim_{n\to\infty} \frac{a_n}{n} = \lim_{n\to\infty}\left\{\left(\frac{a_n}{n}-2\right)+2\right\}$$

$$= \lim_{n\to\infty}\left(\frac{a_n}{n}-2\right) + \lim_{n\to\infty} 2$$

$$= 0+2 = 2$$

답 2

3 $\sum\limits_{n=1}^{\infty} (a_n-4) = 2$에서 급수 $\sum\limits_{n=1}^{\infty} (a_n-4)$가 수렴하므로 급수

와 수열의 극한 사이의 관계에 의하여

$$\lim_{n\to\infty} (a_n-4) = 0$$

이때

$$\lim_{n\to\infty} a_n = \lim_{n\to\infty} \{(a_n-4)+4\} = \lim_{n\to\infty} (a_n-4) + \lim_{n\to\infty} 4$$

$$= 0+4 = 4$$

따라서

$$\lim_{n\to\infty} \frac{n^2+2n}{n^2 a_n-3n} = \lim_{n\to\infty} \frac{1+\dfrac{2}{n}}{a_n-\dfrac{3}{n}} = \frac{1+0}{4-0} = \frac{1}{4}$$

답 $\dfrac{1}{4}$

4 두 급수 $\sum\limits_{n=1}^{\infty} a_n$, $\sum\limits_{n=1}^{\infty} b_n$이 수렴하므로 급수의 성질에 의하여

$\sum\limits_{n=1}^{\infty} 3a_n = 21$에서

$\sum\limits_{n=1}^{\infty} 3a_n = 3\sum\limits_{n=1}^{\infty} a_n = 21$이므로 $\sum\limits_{n=1}^{\infty} a_n = 7$

이고

$\sum\limits_{n=1}^{\infty} (2a_n+5b_n) = 24$에서

$$\sum_{n=1}^{\infty} (2a_n+5b_n) = \sum_{n=1}^{\infty} 2a_n + \sum_{n=1}^{\infty} 5b_n = 2\sum_{n=1}^{\infty} a_n + 5\sum_{n=1}^{\infty} b_n$$

$$= 2\times 7 + 5\sum_{n=1}^{\infty} b_n = 14 + 5\sum_{n=1}^{\infty} b_n = 24$$

즉, $5\sum\limits_{n=1}^{\infty} b_n = 10$, $\sum\limits_{n=1}^{\infty} b_n = 2$

따라서

$$\sum_{n=1}^{\infty} (5a_n-2b_n) = \sum_{n=1}^{\infty} 5a_n - \sum_{n=1}^{\infty} 2b_n = 5\sum_{n=1}^{\infty} a_n - 2\sum_{n=1}^{\infty} b_n$$

$$= 5\times 7 - 2\times 2 = 31$$

답 31

5 $\sum\limits_{n=1}^{\infty} (a_n+b_n) = 12$, $\sum\limits_{n=1}^{\infty} (a_n-b_n) = 6$이므로

$$\sum_{n=1}^{\infty} a_n = \sum_{n=1}^{\infty} \frac{1}{2}\{(a_n+b_n)+(a_n-b_n)\}$$

$$= \frac{1}{2}\sum_{n=1}^{\infty} \{(a_n+b_n)+(a_n-b_n)\}$$

$$= \frac{1}{2}\left\{\sum_{n=1}^{\infty} (a_n+b_n) + \sum_{n=1}^{\infty} (a_n-b_n)\right\}$$

$$= \frac{1}{2}(12+6) = 9$$

답 9

6 $\sum\limits_{n=1}^{\infty} \dfrac{2^{n-1}+(-1)^n}{3^{n+1}}$

$$= \sum_{n=1}^{\infty} \left\{\frac{2^{n-1}}{3^{n+1}} + \frac{(-1)^n}{3^{n+1}}\right\}$$

$$= \sum_{n=1}^{\infty} \left\{\frac{2^{n-1}}{9\times 3^{n-1}} + \frac{(-1)^n}{3\times 3^n}\right\}$$

$$= \sum_{n=1}^{\infty} \left\{\frac{1}{9}\times\left(\frac{2}{3}\right)^{n-1} + \frac{1}{3}\times\left(-\frac{1}{3}\right)^n\right\}$$

$$=\sum_{n=1}^{\infty}\frac{1}{9}\times\left(\frac{2}{3}\right)^{n-1}+\sum_{n=1}^{\infty}\frac{1}{3}\times\left(-\frac{1}{3}\right)^{n}$$

$$=\frac{1}{9}\sum_{n=1}^{\infty}\left(\frac{2}{3}\right)^{n-1}+\frac{1}{3}\sum_{n=1}^{\infty}\left(-\frac{1}{3}\right)^{n}$$

$$=\frac{1}{9}\times\frac{1}{1-\frac{2}{3}}+\frac{1}{3}\times\frac{-\frac{1}{3}}{1-\left(-\frac{1}{3}\right)}$$

$$=\frac{1}{9}\times3+\frac{1}{3}\times\left(-\frac{1}{4}\right)=\frac{1}{3}-\frac{1}{12}=\frac{1}{4}$$

답 $\dfrac{1}{4}$

7

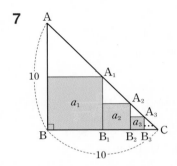

$\overline{\mathrm{AB}}=\overline{\mathrm{BC}}=10$인 직각이등변삼각형 ABC에서 선분 AC의 중점이 A_1, 선분 BC의 중점이 B_1이므로
$\overline{\mathrm{A}_1\mathrm{B}_1}=5$이고 $a_1=5\times5=25$
$\overline{\mathrm{A}_1\mathrm{B}_1}=\overline{\mathrm{B}_1\mathrm{C}}=5$인 직각이등변삼각형 $\mathrm{A}_1\mathrm{B}_1\mathrm{C}$에서 선분 $\mathrm{A}_1\mathrm{C}$의 중점이 A_2, 선분 $\mathrm{B}_1\mathrm{C}$의 중점이 B_2이므로
$\overline{\mathrm{A}_2\mathrm{B}_2}=\dfrac{5}{2}$이고 $a_2=\dfrac{5}{2}\times\dfrac{5}{2}=\left(\dfrac{5}{2}\right)^2=25\times\dfrac{1}{4}$
$\overline{\mathrm{A}_2\mathrm{B}_2}=\overline{\mathrm{B}_2\mathrm{C}}=\dfrac{5}{2}$인 직각이등변삼각형 $\mathrm{A}_2\mathrm{B}_2\mathrm{C}$의 중점이 A_3, 선분 $\mathrm{B}_2\mathrm{C}$의 중점이 B_3이므로
$\overline{\mathrm{A}_3\mathrm{B}_3}=\dfrac{5}{4}$이고 $a_3=\dfrac{5}{4}\times\dfrac{5}{4}=\left(\dfrac{5}{4}\right)^2=25\times\left(\dfrac{1}{4}\right)^2$
$\overline{\mathrm{A}_3\mathrm{B}_3}=\overline{\mathrm{B}_3\mathrm{C}}=\dfrac{5}{4}$인 직각이등변삼각형 $\mathrm{A}_3\mathrm{B}_3\mathrm{C}$에서 선분 $\mathrm{A}_3\mathrm{C}$의 중점이 A_4, 선분 $\mathrm{B}_3\mathrm{C}$의 중점이 B_4이므로
$\overline{\mathrm{A}_4\mathrm{B}_4}=\dfrac{5}{8}$이고 $a_4=\dfrac{5}{8}\times\dfrac{5}{8}=\left(\dfrac{5}{8}\right)^2=25\times\left(\dfrac{1}{4}\right)^3$
$\vdots$

수열 $\{a_n\}$은 첫째항이 25이고 공비가 $\dfrac{1}{4}$인 등비수열이고

$0<\dfrac{1}{4}<1$이므로 급수 $\sum\limits_{n=1}^{\infty}a_n$은 수렴한다. 따라서 그 합은

$$\sum_{n=1}^{\infty}a_n=\frac{25}{1-\dfrac{1}{4}}=\frac{100}{3}$$

답 $\dfrac{100}{3}$

기본 핵심 문제   본문 17쪽

1 ③   2 ①   3 ⑤   4 ②   5 ③

1

등차수열 $\{a_n\}$의 첫째항이 1이고 공차가 2이므로
$a_n=1+2(n-1)=2n-1$
이고
$a_{n+1}=2(n+1)-1=2n+1$
주어진 급수 $\sum\limits_{n=1}^{\infty}\left(\dfrac{1}{a_n}-\dfrac{1}{a_{n+1}}\right)=\sum\limits_{n=1}^{\infty}\left(\dfrac{1}{2n-1}-\dfrac{1}{2n+1}\right)$의

제 n항까지의 부분합을 S_n이라 하면

$$S_n=\sum_{k=1}^{n}\left(\frac{1}{2k-1}-\frac{1}{2k+1}\right)$$
$$=\left(1-\frac{1}{3}\right)+\left(\frac{1}{3}-\frac{1}{5}\right)+\left(\frac{1}{5}-\frac{1}{7}\right)+\cdots$$
$$\qquad\qquad\qquad+\left(\frac{1}{2n-1}-\frac{1}{2n+1}\right)$$
$$=1-\frac{1}{2n+1}$$

이고

$$\lim_{n\to\infty}S_n=\lim_{n\to\infty}\left(1-\frac{1}{2n+1}\right)=1$$

따라서 수열 $\{S_n\}$이 수렴하므로 주어진 급수는 수렴하고 그 합은 1이다.

즉, $\sum\limits_{n=1}^{\infty}\left(\dfrac{1}{a_n}-\dfrac{1}{a_{n+1}}\right)=1$

답 ③

2

$\sum\limits_{n=1}^{\infty}\left(a_n-\dfrac{n^2-n+1}{2n^2+1}\right)=5$에서 급수 $\sum\limits_{n=1}^{\infty}\left(a_n-\dfrac{n^2-n+1}{2n^2+1}\right)$이

수렴하므로 급수와 수열의 극한 사이의 관계에 의하여

$$\lim_{n\to\infty}\left(a_n-\frac{n^2-n+1}{2n^2+1}\right)=0$$

이때

$$\lim_{n\to\infty}a_n=\lim_{n\to\infty}\left\{\left(a_n-\frac{n^2-n+1}{2n^2+1}\right)+\frac{n^2-n+1}{2n^2+1}\right\}$$
$$=\lim_{n\to\infty}\left(a_n-\frac{n^2-n+1}{2n^2+1}\right)+\lim_{n\to\infty}\frac{n^2-n+1}{2n^2+1}$$
$$=\lim_{n\to\infty}\left(a_n-\frac{n^2-n+1}{2n^2+1}\right)+\lim_{n\to\infty}\frac{1-\dfrac{1}{n}+\dfrac{1}{n^2}}{2+\dfrac{1}{n^2}}$$
$$=0+\frac{1-0+0}{2+0}=\frac{1}{2}$$

따라서
$$\lim_{n \to \infty}(2a_n+3)=\lim_{n \to \infty}2a_n+\lim_{n \to \infty}3=2\lim_{n \to \infty}a_n+\lim_{n \to \infty}3$$
$$=2\times\frac{1}{2}+3=4$$

답 ①

3

두 급수 $\sum_{n=1}^{\infty}a_n$, $\sum_{n=1}^{\infty}b_n$이 수렴하므로

$\sum_{n=1}^{\infty}a_n=S$, $\sum_{n=1}^{\infty}b_n=T$ (S, T는 실수)라 하면 급수의 성질에 의하여

$\sum_{n=1}^{\infty}(2a_n+3b_n)=23$에서

$$\sum_{n=1}^{\infty}(2a_n+3b_n)=\sum_{n=1}^{\infty}2a_n+\sum_{n=1}^{\infty}3b_n$$
$$=2\sum_{n=1}^{\infty}a_n+3\sum_{n=1}^{\infty}b_n$$
$$=2S+3T=23 \qquad \cdots\cdots ㉠$$

$\sum_{n=1}^{\infty}(3a_n-2b_n)=2$에서

$$\sum_{n=1}^{\infty}(3a_n-2b_n)=\sum_{n=1}^{\infty}3a_n-\sum_{n=1}^{\infty}2b_n$$
$$=3\sum_{n=1}^{\infty}a_n-2\sum_{n=1}^{\infty}b_n$$
$$=3S-2T=2 \qquad \cdots\cdots ㉡$$

㉠, ㉡에서 $S=4$, $T=5$이므로

$\sum_{n=1}^{\infty}a_n=4$, $\sum_{n=1}^{\infty}b_n=5$

따라서

$$\sum_{n=1}^{\infty}\left(\frac{1}{2}a_n+\frac{1}{5}b_n\right)=\sum_{n=1}^{\infty}\frac{1}{2}a_n+\sum_{n=1}^{\infty}\frac{1}{5}b_n$$
$$=\frac{1}{2}\sum_{n=1}^{\infty}a_n+\frac{1}{5}\sum_{n=1}^{\infty}b_n$$
$$=\frac{1}{2}\times4+\frac{1}{5}\times5=3$$

답 ⑤

4

등비수열 $\{a_n\}$의 첫째항이 3이고 공비가 $\frac{1}{5}$이므로

$$a_n=3\times\left(\frac{1}{5}\right)^{n-1}$$

이고

$$a_{2n}=3\times\left(\frac{1}{5}\right)^{2n-1}$$
$$a_{2n+1}=3\times\left(\frac{1}{5}\right)^{(2n+1)-1}=3\times\left(\frac{1}{5}\right)^{2n}$$

따라서

$$\frac{a_n a_{2n}}{a_{2n+1}}=\frac{3\times\left(\frac{1}{5}\right)^{n-1}\times3\times\left(\frac{1}{5}\right)^{2n-1}}{3\times\left(\frac{1}{5}\right)^{2n}}=3\times\left(\frac{1}{5}\right)^{n-2}$$
$$=15\times\left(\frac{1}{5}\right)^{n-1}$$

이므로

$$\sum_{n=1}^{\infty}\frac{a_n a_{2n}}{a_{2n+1}}=\sum_{n=1}^{\infty}15\times\left(\frac{1}{5}\right)^{n-1}=\frac{15}{1-\frac{1}{5}}=\frac{15}{\frac{4}{5}}=\frac{75}{4}$$

답 ②

5

정삼각형 $B_n C_n D_n$의 한 변의 길이를 l_n, 넓이를 a_n이라 하자.
정삼각형 $B_1 C_1 D_1$의 한 변의 길이가 1이므로

$$a_1=\frac{\sqrt{3}}{4}\times1^2=\frac{\sqrt{3}}{4}$$

이웃한 두 정삼각형 $B_n C_n D_n$과 $B_{n+1} C_{n+1} D_{n+1}$의 닮음비는

$$l_n : l_{n+1}=1 : \frac{1}{2}$$

이므로 이웃한 두 정삼각형의 넓이의 비는

$$a_n : a_{n+1}=1^2 : \left(\frac{1}{2}\right)^2=1 : \frac{1}{4}$$

이때 수열 $\{a_n\}$은 첫째항이 $\frac{\sqrt{3}}{4}$, 공비가 $\frac{1}{4}$인 등비수열이고

$0<\frac{1}{4}<1$이므로 급수 $\sum_{n=1}^{\infty}a_n$은 수렴한다. 따라서 그 합은

$$\sum_{n=1}^{\infty}a_n=\frac{\frac{\sqrt{3}}{4}}{1-\frac{1}{4}}=\frac{\sqrt{3}}{3}$$

답 ③

단원 종합 문제

본문 18~20쪽

1 ②	2 ④	3 ②	4 ⑤
5 ③	6 ②	7 ④	8 ⑤
9 ②	10 ①	11 $\frac{8}{3}$	12 $\frac{1}{3}$

1

수열 $\{a_n\}$이 수렴하므로 $\lim_{n \to \infty}a_n=\alpha$ (단, α는 상수)로 놓으면 수열의 극한에 대한 기본 성질에 의하여

$\lim\limits_{n\to\infty}\dfrac{3a_n+2}{1+2a_n}=\dfrac{8}{5}$에서

$\lim\limits_{n\to\infty}\dfrac{3a_n+2}{1+2a_n}=\dfrac{3\alpha+2}{1+2\alpha}=\dfrac{8}{5}$

$5(3\alpha+2)=8(1+2\alpha)$

$15\alpha+10=8+16\alpha$

$\alpha=2$

즉, $\lim\limits_{n\to\infty}a_n=2$

따라서

$\begin{aligned}\lim\limits_{n\to\infty}\left(\dfrac{1}{2}a_n+3\right)&=\lim\limits_{n\to\infty}\dfrac{1}{2}a_n+\lim\limits_{n\to\infty}3\\&=\dfrac{1}{2}\lim\limits_{n\to\infty}a_n+\lim\limits_{n\to\infty}3\\&=\dfrac{1}{2}\times2+3=4\end{aligned}$

답 ②

2

$S_n=n(n+3)$에서

$\begin{aligned}a_n&=S_n-S_{n-1}=n(n+3)-(n-1)(n+2)\\&=2(n+1)\ (n\geq2)\end{aligned}$

또한 $S_1=a_1=4$이므로

$a_n=2(n+1)\ (n\geq1)$

따라서

$\begin{aligned}\lim\limits_{n\to\infty}\dfrac{4S_n+na_n}{3n^2+n-1}&=\lim\limits_{n\to\infty}\dfrac{4n(n+3)+n\times2(n+1)}{3n^2+n-1}\\&=\lim\limits_{n\to\infty}\dfrac{6n^2+14n}{3n^2+n-1}\\&=\lim\limits_{n\to\infty}\dfrac{6+\dfrac{14}{n}}{3+\dfrac{1}{n}-\dfrac{1}{n^2}}\\&=\dfrac{6+0}{3+0-0}=2\end{aligned}$

답 ④

3

두 수열 $\{a_n\}$, $\{b_n\}$에 대하여

$a_n+b_n=\dfrac{n}{n+1}$에서

$\begin{aligned}\lim\limits_{n\to\infty}(a_n+b_n)&=\lim\limits_{n\to\infty}\dfrac{n}{n+1}=\lim\limits_{n\to\infty}\dfrac{1}{1+\dfrac{1}{n}}\\&=\dfrac{1}{1+0}=1\end{aligned}$

$a_nb_n=\dfrac{n^2}{3n^2+2n+1}$에서

$\begin{aligned}\lim\limits_{n\to\infty}a_nb_n&=\lim\limits_{n\to\infty}\dfrac{n^2}{3n^2+2n+1}\\&=\lim\limits_{n\to\infty}\dfrac{1}{3+\dfrac{2}{n}+\dfrac{1}{n^2}}\\&=\dfrac{1}{3+0+0}=\dfrac{1}{3}\end{aligned}$

따라서

$\begin{aligned}\lim\limits_{n\to\infty}(a_n-b_n)^2&=\lim\limits_{n\to\infty}\{(a_n+b_n)^2-4a_nb_n\}\\&=\lim\limits_{n\to\infty}(a_n+b_n)^2-\lim\limits_{n\to\infty}4a_nb_n\\&=\lim\limits_{n\to\infty}(a_n+b_n)\times\lim\limits_{n\to\infty}(a_n+b_n)-4\lim\limits_{n\to\infty}a_nb_n\\&=1\times1-4\times\dfrac{1}{3}=-\dfrac{1}{3}\end{aligned}$

답 ②

4

모든 자연수 n에 대하여

$n(n+1)<a_n-n^2<(n+2)(n+3)$에서

$n^2+n<a_n-n^2<n^2+5n+6$

$2n^2+n<a_n<2n^2+5n+6$

각 변을 $2n^2\ (2n^2>0)$으로 나누면

$\dfrac{2n^2+n}{2n^2}<\dfrac{a_n}{2n^2}<\dfrac{2n^2+5n+6}{2n^2}$

이고

$\lim\limits_{n\to\infty}\dfrac{2n^2+n}{2n^2}=\lim\limits_{n\to\infty}\dfrac{2+\dfrac{1}{n}}{2}=\dfrac{2+0}{2}=1$

$\begin{aligned}\lim\limits_{n\to\infty}\dfrac{2n^2+5n+6}{2n^2}&=\lim\limits_{n\to\infty}\dfrac{2+\dfrac{5}{n}+\dfrac{6}{n^2}}{2}\\&=\dfrac{2+0+0}{2}=1\end{aligned}$

따라서 수열의 극한의 대소 관계에 의하여

$\lim\limits_{n\to\infty}\dfrac{a_n}{2n^2}=1$

답 ⑤

5

자연수 n에 대하여 x에 대한 다항식 x^n+2x를 $f(x)$로 놓으면

$f(x)=x^n+2x$

이고, 다항식 $f(x)$를 일차식 $3x-1$로 나눈 나머지가 a_n이므로 나머지정리에 의하여

$a_n=f\left(\dfrac{1}{3}\right)=\left(\dfrac{1}{3}\right)^n+2\times\dfrac{1}{3}=\left(\dfrac{1}{3}\right)^n+\dfrac{2}{3}$

따라서

$$\lim_{n \to \infty} \frac{9a_n+1}{3a_n} = \lim_{n \to \infty} \frac{9 \times \left\{\left(\frac{1}{3}\right)^n + \frac{2}{3}\right\} + 1}{3 \times \left\{\left(\frac{1}{3}\right)^n + \frac{2}{3}\right\}}$$

$$= \lim_{n \to \infty} \frac{9 \times \left(\frac{1}{3}\right)^n + 7}{3 \times \left(\frac{1}{3}\right)^n + 2}$$

$$= \frac{0+7}{0+2} = \frac{7}{2}$$

달 ③

6

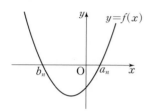

함수 $f(x) = x^2 + x - (4n^2-1)$에 대하여 $y = f(x)$의 그래프와 x축이 만나는 두 점의 x좌표 a_n, b_n $(a_n > b_n)$은 방정식 $x^2 + x - (4n^2-1) = 0$의 서로 다른 두 근이므로 근과 계수의 관계에 의하여

$$a_n + b_n = -\frac{1}{1} = -1$$

$$a_n b_n = -\frac{4n^2-1}{1} = 1-4n^2$$

이므로

$$\frac{a_n+b_n}{a_n b_n} = \frac{-1}{1-4n^2} = \frac{1}{4n^2-1} = \frac{1}{(2n-1)(2n+1)}$$

따라서 주어진 급수 $\sum\limits_{n=1}^{\infty} \frac{a_n+b_n}{a_n b_n}$의 제$n$항까지의 부분합을 S_n 이라 하면

$$S_n = \sum_{k=1}^{n} \frac{1}{(2k-1)(2k+1)}$$

$$= \sum_{k=1}^{n} \frac{1}{2}\left(\frac{1}{2k-1} - \frac{1}{2k+1}\right)$$

$$= \frac{1}{2} \sum_{k=1}^{n} \left(\frac{1}{2k-1} - \frac{1}{2k+1}\right)$$

$$= \frac{1}{2}\left\{\left(1-\frac{1}{3}\right) + \left(\frac{1}{3}-\frac{1}{5}\right) + \left(\frac{1}{5}-\frac{1}{7}\right) + \cdots \right.$$

$$\left. + \left(\frac{1}{2n-3} - \frac{1}{2n-1}\right) + \left(\frac{1}{2n-1} - \frac{1}{2n+1}\right)\right\}$$

$$= \frac{1}{2}\left(1 - \frac{1}{2n+1}\right)$$

이고

$$\lim_{n \to \infty} S_n = \lim_{n \to \infty} \frac{1}{2}\left(1 - \frac{1}{2n+1}\right)$$

$$= \frac{1}{2}\lim_{n \to \infty}\left(1 - \frac{1}{2n+1}\right) = \frac{1}{2}$$

따라서 수열 $\{S_n\}$이 수렴하므로 주어진 급수는 수렴하고 그 합은 $\frac{1}{2}$이다.

즉, $\sum\limits_{n=1}^{\infty} \frac{a_n+b_n}{a_n b_n} = \frac{1}{2}$

달 ②

7

급수 $\sum\limits_{n=1}^{\infty}\left(a_n - \frac{4n^2-3n+1}{2n^2-5}\right)$이 수렴하므로 급수와 수열의 극한 사이의 관계에 의하여

$$\lim_{n \to \infty}\left(a_n - \frac{4n^2-3n+1}{2n^2-5}\right) = 0$$

이때

$$\lim_{n \to \infty} a_n = \lim_{n \to \infty}\left\{\left(a_n - \frac{4n^2-3n+1}{2n^2-5}\right) + \frac{4n^2-3n+1}{2n^2-5}\right\}$$

$$= \lim_{n \to \infty}\left(a_n - \frac{4n^2-3n+1}{2n^2-5}\right) + \lim_{n \to \infty}\frac{4n^2-3n+1}{2n^2-5}$$

$$= \lim_{n \to \infty}\left(a_n - \frac{4n^2-3n+1}{2n^2-5}\right) + \lim_{n \to \infty}\frac{4-\frac{3}{n}+\frac{1}{n^2}}{2-\frac{5}{n^2}}$$

$$= 0 + \frac{4-0+0}{2-0} = 2$$

따라서

$$\lim_{n \to \infty} \frac{(a_n+3)n^2-n}{2n^2+3} = \lim_{n \to \infty} \frac{(a_n+3) - \frac{1}{n}}{2 + \frac{3}{n^2}}$$

$$= \frac{2+3-0}{2+0} = \frac{5}{2}$$

달 ④

8

$\sum\limits_{n=1}^{\infty} a_n = 6$이므로 등비수열 $\{a_n\}$의 공비를 r $(-1 < r < 1)$라 하면 $a_1 = 2$이고

$$\sum_{n=1}^{\infty} a_n = \frac{a_1}{1-r} = \frac{2}{1-r} = 6$$

$$6(1-r) = 2, \quad r = \frac{2}{3}$$

이므로 수열 $\{a_{2n}\}$은 첫째항이 a_2이고 공비가 r^2인 등비수열이다. 즉,

$$a_2 = a_1 \times r = 2 \times \frac{2}{3} = \frac{4}{3}$$

$$r^2=\left(\frac{2}{3}\right)^2=\frac{4}{9}$$

이고 $-1<r^2<1$이므로 급수 $\sum\limits_{n=1}^{\infty}a_{2n}$은 수렴한다.

따라서 그 합은

$$\sum_{n=1}^{\infty}a_{2n}=\frac{\dfrac{4}{3}}{1-\dfrac{4}{9}}=\frac{12}{5}$$

답 ⑤

9

두 급수 $\sum\limits_{n=1}^{\infty}a_n$, $\sum\limits_{n=1}^{\infty}b_n$이 모두 수렴하므로

$\sum\limits_{n=1}^{\infty}a_n=\alpha$, $\sum\limits_{n=1}^{\infty}b_n=\beta$ (α, β는 상수)로 놓으면

$\sum\limits_{n=1}^{\infty}(a_n+3b_n)=20$에서

$$\sum_{n=1}^{\infty}(a_n+3b_n)=\sum_{n=1}^{\infty}a_n+\sum_{n=1}^{\infty}3b_n$$
$$=\sum_{n=1}^{\infty}a_n+3\sum_{n=1}^{\infty}b_n$$
$$=\alpha+3\beta=20 \qquad \cdots\cdots ㉠$$

$\sum\limits_{n=1}^{\infty}(9a_n-6b_n)=4$에서

$$\sum_{n=1}^{\infty}(9a_n-6b_n)=\sum_{n=1}^{\infty}9a_n-\sum_{n=1}^{\infty}6b_n$$
$$=9\sum_{n=1}^{\infty}a_n-6\sum_{n=1}^{\infty}b_n$$
$$=9\alpha-6\beta=4 \qquad \cdots\cdots ㉡$$

㉠, ㉡에서 $\alpha=4$, $\beta=\dfrac{16}{3}$

두 등비수열 $\{a_n\}$, $\{b_n\}$의 첫째항이 각각 2, 4이므로 두 등비수열의 공비를 각각 r_1, r_2라 하면

$\sum\limits_{n=1}^{\infty}a_n=\alpha$에서 $\sum\limits_{n=1}^{\infty}a_n=\dfrac{2}{1-r_1}=4$이므로

$$4(1-r_1)=2, \ r_1=\frac{1}{2}$$

$\sum\limits_{n=1}^{\infty}b_n=\beta$에서 $\sum\limits_{n=1}^{\infty}b_n=\dfrac{4}{1-r_2}=\dfrac{16}{3}$이므로

$$16(1-r_2)=12, \ r_2=\frac{1}{4}$$

따라서

$$a_n=2\times\left(\frac{1}{2}\right)^{n-1}=\left(\frac{1}{2}\right)^{n-2}$$
$$b_n=4\times\left(\frac{1}{4}\right)^{n-1}=\left(\frac{1}{4}\right)^{n-2}$$

이고

$$a_1b_1=\left(\frac{1}{2}\right)^{-1}\times\left(\frac{1}{4}\right)^{-1}=2\times4=8$$

$$a_nb_n=\left(\frac{1}{2}\right)^{n-2}\times\left(\frac{1}{4}\right)^{n-2}=\left(\frac{1}{2}\times\frac{1}{4}\right)^{n-2}$$
$$=\left(\frac{1}{8}\right)^{n-2}=8\times\left(\frac{1}{8}\right)^{n-1}$$

따라서

$$\sum_{n=1}^{\infty}a_nb_n=\frac{8}{1-\dfrac{1}{8}}=\frac{64}{7}$$

답 ②

10

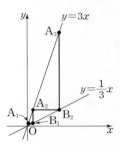

$A_1(1, 3)$, $B_1(9, 3)$이므로

$$\overline{A_1B_1}=\sqrt{(9-1)^2+(3-3)^2}=8$$

직선 $y=3x$의 기울기가 3이므로

$$\frac{\overline{B_1A_2}}{\overline{A_1B_1}}=\frac{\overline{B_2A_3}}{\overline{A_2B_2}}=\frac{\overline{B_3A_4}}{\overline{A_3B_3}}=\cdots=\frac{\overline{B_nA_{n+1}}}{\overline{A_nB_n}}=3 \qquad \cdots\cdots ㉠$$

직선 $y=\dfrac{1}{3}x$의 기울기가 $\dfrac{1}{3}$이므로

$$\frac{\overline{B_1A_2}}{\overline{A_2B_2}}=\frac{\overline{B_2A_3}}{\overline{A_3B_3}}=\frac{\overline{B_3A_4}}{\overline{A_4B_4}}=\cdots=\frac{\overline{B_nA_{n+1}}}{\overline{A_{n+1}B_{n+1}}}=\frac{1}{3} \qquad \cdots\cdots ㉡$$

㉠, ㉡에서

$$\frac{\dfrac{\overline{B_1A_2}}{\overline{A_1B_1}}}{\dfrac{\overline{B_1A_2}}{\overline{A_2B_2}}}=\frac{\dfrac{\overline{B_2A_3}}{\overline{A_2B_2}}}{\dfrac{\overline{B_2A_3}}{\overline{A_3B_3}}}=\frac{\dfrac{\overline{B_3A_4}}{\overline{A_3B_3}}}{\dfrac{\overline{B_3A_4}}{\overline{A_4B_4}}}=\cdots=\frac{\dfrac{\overline{B_nA_{n+1}}}{\overline{A_nB_n}}}{\dfrac{\overline{B_nA_{n+1}}}{\overline{A_{n+1}B_{n+1}}}}=\frac{3}{\dfrac{1}{3}}=9$$

$$\frac{\overline{A_2B_2}}{\overline{A_1B_1}}=\frac{\overline{A_3B_3}}{\overline{A_2B_2}}=\frac{\overline{A_4B_4}}{\overline{A_3B_3}}=\cdots=\frac{\overline{A_{n+1}B_{n+1}}}{\overline{A_nB_n}}=9$$

즉, $\overline{A_{n+1}B_{n+1}}=9\times\overline{A_nB_n}$이므로

$$\overline{A_nB_n}=9\times\overline{A_{n-1}B_{n-1}}=9^2\times\overline{A_{n-2}B_{n-2}}=9^3\times\overline{A_{n-3}B_{n-3}}$$
$$=\cdots=9^{n-1}\times\overline{A_1B_1}=9^{n-1}\times8$$

따라서

$$64\sum_{n=1}^{\infty}\frac{1}{\overline{A_nB_n}}=64\sum_{n=1}^{\infty}\frac{1}{8\times9^{n-1}}=64\sum_{n=1}^{\infty}\frac{1}{8}\times\left(\frac{1}{9}\right)^{n-1}$$
$$=8\sum_{n=1}^{\infty}\left(\frac{1}{9}\right)^{n-1}=8\times\frac{1}{1-\dfrac{1}{9}}=9$$

답 ①

서술형 문항

11

$a_k=\lim\limits_{n\to\infty}\dfrac{\left(\dfrac{2}{k}\right)^n}{\left(\dfrac{2}{k}\right)^{n-1}+2}$에서

(i) $0<\dfrac{2}{k}<1$일 때,

자연수 k에 대하여 $0<\dfrac{2}{k}<1$이므로 $k>2$이고

$\lim\limits_{n\to\infty}\left(\dfrac{2}{k}\right)^n=0$, $\lim\limits_{n\to\infty}\left(\dfrac{2}{k}\right)^{n-1}=0$

이므로

$a_k=\lim\limits_{n\to\infty}\dfrac{\left(\dfrac{2}{k}\right)^n}{\left(\dfrac{2}{k}\right)^{n-1}+2}=\dfrac{0}{0+2}=0$

따라서 $k>2$일 때 즉, $k=3$, 4, 5일 때

$ka_k=k\times0=0$ ————————————————— ❶

(ii) $\dfrac{2}{k}=1$일 때,

자연수 k에 대하여 $\dfrac{2}{k}=1$이므로 $k=2$이고

$a_k=\lim\limits_{n\to\infty}\dfrac{\left(\dfrac{2}{k}\right)^n}{\left(\dfrac{2}{k}\right)^{n-1}+2}=\lim\limits_{n\to\infty}\dfrac{1^n}{1^{n-1}+2}=\dfrac{1}{1+2}=\dfrac{1}{3}$

따라서 $k=2$일 때

$ka_k=2\times a_2=2\times\dfrac{1}{3}=\dfrac{2}{3}$ ————————————— ❷

(iii) $\dfrac{2}{k}>1$일 때

자연수 k에 대하여 $\dfrac{2}{k}>1$이므로 $k<2$이고

$\lim\limits_{n\to\infty}\left(\dfrac{2}{k}\right)^n=\infty$

이므로

$a_k=\lim\limits_{n\to\infty}\dfrac{\left(\dfrac{2}{k}\right)^n}{\left(\dfrac{2}{k}\right)^{n-1}+2}=\lim\limits_{n\to\infty}\dfrac{\dfrac{2}{k}}{1+\dfrac{2}{\left(\dfrac{2}{k}\right)^{n-1}}}=\dfrac{\dfrac{2}{k}}{1+0}=\dfrac{2}{k}$

따라서 $k<2$일 때 즉, $k=1$일 때

$ka_k=1\times a_1=1\times\dfrac{2}{1}=2$ ————————————————— ❸

(i), (ii), (iii)에서

$\sum\limits_{n=1}^{5}ka_k=1\times a_1+2\times a_2+\sum\limits_{n=3}^{5}ka_k=2+\dfrac{2}{3}+0=\dfrac{8}{3}$ —————— ❹

답 $\dfrac{8}{3}$

단계	채점기준	비율
❶	$0<\dfrac{2}{k}<1$일 때 ka_k의 값을 구한 경우	35%
❷	$\dfrac{2}{k}=1$일 때 ka_k의 값을 구한 경우	20%
❸	$\dfrac{2}{k}>1$일 때 ka_k의 값을 구한 경우	35%
❹	$\sum\limits_{k=1}^{5}ka_k$의 값을 구한 경우	10%

12

$\sum\limits_{n=1}^{\infty}\left(\dfrac{1}{S_n}-\dfrac{1}{S_{n+1}}\right)$

$=\lim\limits_{n\to\infty}\sum\limits_{k=1}^{n}\left(\dfrac{1}{S_k}-\dfrac{1}{S_{k+1}}\right)$

$=\lim\limits_{n\to\infty}\left\{\left(\dfrac{1}{S_1}-\dfrac{1}{S_2}\right)+\left(\dfrac{1}{S_2}-\dfrac{1}{S_3}\right)+\left(\dfrac{1}{S_3}-\dfrac{1}{S_4}\right)\right.$

$\left.+\cdots+\left(\dfrac{1}{S_n}-\dfrac{1}{S_{n+1}}\right)\right\}$

$=\lim\limits_{n\to\infty}\left(\dfrac{1}{S_1}-\dfrac{1}{S_{n+1}}\right)$ ————————————————— ❶

이고, 등비수열 $\{a_n\}$의 첫째항부터 제n항까지의 합이 S_n이므로

$S_1=a_1=6$

$\lim\limits_{n\to\infty}\dfrac{1}{S_1}=\dfrac{1}{6}$ ————————————————— ❷

또,

$\lim\limits_{n\to\infty}S_{n+1}=\lim\limits_{n\to\infty}S_n=\dfrac{6}{1-r}$

$\lim\limits_{n\to\infty}\dfrac{1}{S_{n+1}}=\dfrac{1-r}{6}$ ————————————————— ❸

이므로

$\sum\limits_{n=1}^{\infty}\left(\dfrac{1}{S_n}-\dfrac{1}{S_{n+1}}\right)=\dfrac{1}{18}$에서

$\sum\limits_{n=1}^{\infty}\left(\dfrac{1}{S_n}-\dfrac{1}{S_{n+1}}\right)=\lim\limits_{n\to\infty}\left(\dfrac{1}{S_1}-\dfrac{1}{S_{n+1}}\right)$

$=\lim\limits_{n\to\infty}\dfrac{1}{S_1}-\lim\limits_{n\to\infty}\dfrac{1}{S_{n+1}}$

$=\dfrac{1}{6}-\dfrac{1-r}{6}=\dfrac{r}{6}=\dfrac{1}{18}$

따라서 $r=\dfrac{1}{3}$

❹

답 $\dfrac{1}{3}$

단계	채점기준	비율
❶	$\displaystyle\sum_{n=1}^{\infty}\left(\dfrac{1}{S_n}-\dfrac{1}{S_{n+1}}\right)=\lim_{n\to\infty}\left(\dfrac{1}{S_1}-\dfrac{1}{S_{n+1}}\right)$임을 설명한 경우	40%
❷	$\displaystyle\lim_{n\to\infty}\dfrac{1}{S_1}$의 값을 구한 경우	15%
❸	$\displaystyle\lim_{n\to\infty}\dfrac{1}{S_{n+1}}$의 값을 공비 r로 나타낸 경우	25%
❹	공비 r의 값을 구한 경우	20%

수능 맛보기

본문 21쪽

1

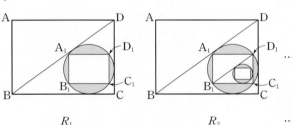

R_1 R_2 ...

직사각형 ABCD에서 $\overline{AB}=3$, $\overline{AD}=4$이므로
$\overline{BD}=\sqrt{4^2+3^2}=5$
이고 삼각형 BCD에 내접하는 원의 반지름의 길이를 r라 하면
$\dfrac{1}{2}\times\overline{BC}\times\overline{CD}=\dfrac{1}{2}\times r\times(3+4+5)$
$\dfrac{1}{2}\times4\times3=\dfrac{1}{2}\times r\times12$, $r=1$
또한 반지름의 길이가 1인 원에 내접하고 직사각형 ABCD와 닮은 직사각형 $A_1B_1C_1D_1$의 대각선의 길이는 $2r$, 즉 2이므로 닮음비는 $5:2$이고 넓이의 비는 $25:4$, 즉 $1:\dfrac{4}{25}$이다.
따라서 그림 R_1에 색칠되어 있는 부분의 넓이를 S_1이라 하면,
$S_1=1\times1\times\pi-3\times4\times\dfrac{4}{25}=\pi-\dfrac{48}{25}$이므로

$\displaystyle\lim_{n\to\infty}S_n=\dfrac{\pi-\dfrac{48}{25}}{1-\dfrac{4}{25}}=\dfrac{25\pi-48}{21}$

답 ③

---

01 여러 가지 함수의 미분 (1)

유제

본문 22~26쪽

1 지수함수 $y=\left(\dfrac{3}{2}\right)^x$의 그래프는
$\dfrac{3}{2}>1$이므로 오른쪽 그림과 같다.
이때 $\displaystyle\lim_{x\to-\infty}\left(\dfrac{3}{2}\right)^x=0$이므로

$\displaystyle\lim_{x\to-\infty}\dfrac{3^x+2^x}{3^x-2^x}=\lim_{x\to-\infty}\dfrac{\left(\dfrac{3}{2}\right)^x+1}{\left(\dfrac{3}{2}\right)^x-1}$

$=\dfrac{0+1}{0-1}=-1$

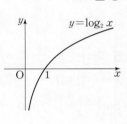

답 ①

2 $\displaystyle\lim_{x\to0}\dfrac{4^x-1}{2^x-1}=\lim_{x\to0}\dfrac{(2^x)^2-1}{2^x-1}$

$=\displaystyle\lim_{x\to0}\dfrac{(2^x-1)(2^x+1)}{2^x-1}$

$=\displaystyle\lim_{x\to0}(2^x+1)=1+1=2$

답 ④

3 로그함수 $y=\log_2 x$의 그래프는 $2>1$이므로 오른쪽 그림과 같다. 이때 $\displaystyle\lim_{x\to\infty}\log_2 x=\infty$이므로
$\displaystyle\lim_{x\to\infty}\dfrac{\log_2 x+3}{\log_3 x+2}$

$=\displaystyle\lim_{x\to\infty}\dfrac{\log_2 x+3}{\dfrac{\log_2 x}{\log_2 3}+2}$

$=\displaystyle\lim_{x\to\infty}\dfrac{\log_2 x+3}{\dfrac{\log_2 x+2\log_2 3}{\log_2 3}}$

$=\log_2 3\times\displaystyle\lim_{x\to\infty}\dfrac{\log_2 x+3}{\log_2 x+2\log_2 3}$

$=\log_2 3\times\displaystyle\lim_{x\to\infty}\dfrac{1+\dfrac{3}{\log_2 x}}{1+\dfrac{2\log_2 3}{\log_2 x}}$

$=\log_2 3\times\dfrac{1+0}{1+0}$

$=\log_2 3$

답 ③

[다른 풀이]

$\lim\limits_{x \to \infty} \log_3 x = \infty$이므로

$$\lim_{x \to \infty} \frac{\log_2 x + 3}{\log_3 x + 2} = \lim_{x \to \infty} \frac{\dfrac{\log_3 x}{\log_3 2} + 3}{\log_3 x + 2}$$

$$= \lim_{x \to \infty} \frac{\dfrac{\log_3 x + 3\log_3 2}{\log_3 2}}{\log_3 x + 2}$$

$$= \frac{1}{\log_3 2} \times \lim_{x \to \infty} \frac{\log_3 x + 3\log_3 2}{\log_3 x + 2}$$

$$= \frac{1}{\log_3 2} \times \lim_{x \to \infty} \frac{1 + \dfrac{3\log_3 2}{\log_3 x}}{1 + \dfrac{2}{\log_3 x}}$$

$$= \frac{1}{\log_3 2} \times \frac{1+0}{1+0}$$

$$= \frac{1}{\log_3 2} = \log_2 3$$

4 $\lim\limits_{x \to \infty} \{\log_3(9x^2+1) - 2\log_3 x\}$

$= \lim\limits_{x \to \infty} \{\log_3(9x^2+1) - \log_3 x^2\}$

$= \lim\limits_{x \to \infty} \log_3 \dfrac{9x^2+1}{x^2}$

$= \lim\limits_{x \to \infty} \log_3 \left(9 + \dfrac{1}{x^2}\right)$

$= \log_3 9 = \log_3 3^2 = 2$

달 ④

5 $\lim\limits_{x \to \infty} \left(\dfrac{x+2}{x}\right)^{\frac{x}{3}} = \lim\limits_{x \to \infty} \left(1 + \dfrac{2}{x}\right)^{\frac{x}{3}}$에서 $\dfrac{2}{x} = t$로 놓으면

$x \to \infty$일 때 $t \to 0+$이므로

$\lim\limits_{x \to \infty} \left(\dfrac{x+2}{x}\right)^{\frac{x}{3}} = \lim\limits_{x \to \infty} \left(1 + \dfrac{2}{x}\right)^{\frac{x}{3}} = \lim\limits_{x \to \infty} \left\{\left(1 + \dfrac{2}{x}\right)^{\frac{x}{2}}\right\}^{\frac{2}{3}}$

$= \lim\limits_{t \to 0+} \{(1+t)^{\frac{1}{t}}\}^{\frac{2}{3}} = e^{\frac{2}{3}}$

달 ②

6 $\lim\limits_{x \to 0}(1-x)^{\frac{a}{x}}$에서 $-x = t$로 놓으면 $-\dfrac{1}{x} = \dfrac{1}{t}$이고 $x \to 0$

일 때 $t \to 0$이므로

$\lim\limits_{x \to 0}(1-x)^{\frac{a}{x}} = \lim\limits_{x \to 0}\{(1-x)^{-\frac{1}{x}}\}^{-a} = \lim\limits_{t \to 0}\{(1+t)^{\frac{1}{t}}\}^{-a} = e^{-a}$

$\lim\limits_{x \to 0}(1-x)^{\frac{a}{x}} = \sqrt{e}$이므로

$e^{-a} = \sqrt{e} = e^{\frac{1}{2}}$

따라서 $a = -\dfrac{1}{2}$

달 $-\dfrac{1}{2}$

7 $\lim\limits_{x \to 0} \dfrac{\ln(1+2x)}{3x}$에서 $2x = t$로 놓으면 $x \to 0$일 때 $t \to 0$

이므로

$\lim\limits_{x \to 0} \dfrac{\ln(1+2x)}{3x} = \lim\limits_{x \to 0} \left\{\dfrac{\ln(1+2x)}{2x} \times \dfrac{2}{3}\right\}$

$= \lim\limits_{t \to 0} \left\{\dfrac{\ln(1+t)}{t} \times \dfrac{2}{3}\right\} = 1 \times \dfrac{2}{3} = \dfrac{2}{3}$

달 ⑤

8 $\lim\limits_{x \to 0} \dfrac{\ln(1+ax)}{2x}$에서 $ax = t$로 놓으면 $x \to 0$일 때 $t \to 0$

이므로

$\lim\limits_{x \to 0} \dfrac{\ln(1+ax)}{2x} = \lim\limits_{x \to 0} \left\{\dfrac{\ln(1+ax)}{ax} \times \dfrac{a}{2}\right\}$

$= \lim\limits_{t \to 0} \left\{\dfrac{\ln(1+t)}{t} \times \dfrac{a}{2}\right\} = 1 \times \dfrac{a}{2} = \dfrac{a}{2}$

$\lim\limits_{x \to 0} \dfrac{\ln(1+ax)}{2x} = \dfrac{2}{3}$이므로

$\dfrac{a}{2} = \dfrac{2}{3}$, $a = \dfrac{4}{3}$

달 ②

9 $\lim\limits_{x \to 0} \dfrac{e^{2x}-1}{4x^2+2ax} = \lim\limits_{x \to 0} \dfrac{e^{2x}-1}{2x(2x+a)}$

$= \lim\limits_{x \to 0} \left(\dfrac{e^{2x}-1}{2x} \times \dfrac{1}{2x+a}\right)$

$= 1 \times \dfrac{1}{0+a} = \dfrac{1}{a}$

$\lim\limits_{x \to 0} \dfrac{e^{2x}-1}{4x^2+2ax} = \dfrac{1}{3}$이므로

$\dfrac{1}{a} = \dfrac{1}{3}$, $a = 3$

달 ④

10 $\lim\limits_{x \to 0} \dfrac{e^x-1}{\ln(1+2x)} = \lim\limits_{x \to 0} \dfrac{\dfrac{e^x-1}{x}}{\dfrac{\ln(1+2x)}{x}}$

$= \lim\limits_{x \to 0} \dfrac{\dfrac{e^x-1}{x}}{\dfrac{\ln(1+2x)}{2x} \times 2}$

$= \dfrac{1}{2} \lim\limits_{x \to 0} \dfrac{\dfrac{e^x-1}{x}}{\dfrac{\ln(1+2x)}{2x}}$

$\lim\limits_{x \to 0} \dfrac{\ln(1+2x)}{2x}$에서 $2x = t$로 놓으면 $x \to 0$일 때 $t \to 0$이

므로

$\lim\limits_{x \to 0} \dfrac{\ln(1+2x)}{2x} = \lim\limits_{t \to 0} \dfrac{\ln(1+t)}{t} = 1$

따라서

$$\lim_{x \to 0} \frac{e^x - 1}{\ln(1+2x)} = \frac{1}{2} \lim_{x \to 0} \frac{\dfrac{e^x - 1}{x}}{\dfrac{\ln(1+2x)}{2x}}$$

$$= \frac{1}{2} \times \frac{\displaystyle\lim_{x \to 0} \frac{e^x - 1}{x}}{\displaystyle\lim_{x \to 0} \frac{\ln(1+2x)}{2x}} = \frac{1}{2} \times \frac{1}{1} = \frac{1}{2}$$

답 ②

본문 27쪽

기본 핵심 문제

1 ⑤	2 ④	3 ②	4 ②	5 ①

1

지수함수 $y = \left(\dfrac{3}{5}\right)^x$의 그래프는

$0 < \dfrac{3}{5} < 1$이므로 그림과 같다.

이때 $\displaystyle\lim_{x \to \infty} \left(\dfrac{3}{5}\right)^x = 0$이므로

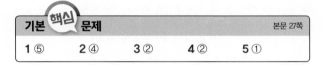

$$\lim_{x \to \infty} \frac{3^x + a \times 5^x}{5^{x+1} - 3^x}$$

$$= \lim_{x \to \infty} \frac{3^x + a \times 5^x}{5 \times 5^x - 3^x} = \lim_{x \to \infty} \frac{\left(\dfrac{3}{5}\right)^x + a}{5 - \left(\dfrac{3}{5}\right)^x} = \frac{0 + a}{5 - 0} = \frac{a}{5}$$

$\displaystyle\lim_{x \to \infty} \frac{3^x + a \times 5^x}{5^{x+1} - 3^x} = \frac{1}{2}$이므로

$\dfrac{a}{5} = \dfrac{1}{2}$, $a = \dfrac{5}{2}$

답 ⑤

2

$$\log_3(2x-1) + \log_{\frac{1}{3}}\left(\frac{1}{2}x+1\right)$$

$$= \log_3(2x-1) - \log_3\left(\frac{1}{2}x+1\right)$$

$$= \log_3 \frac{2x-1}{\dfrac{1}{2}x+1} = \log_3 \frac{\dfrac{2x-1}{x}}{\dfrac{\dfrac{1}{2}x+1}{x}}$$

$$= \log_3 \frac{2 - \dfrac{1}{x}}{\dfrac{1}{2} + \dfrac{1}{x}}$$

이므로

$$\lim_{x \to \infty} \left\{ \log_3(2x-1) + \log_{\frac{1}{3}}\left(\frac{1}{2}x+1\right) \right\}$$

$$= \lim_{x \to \infty} \log_3 \frac{2 - \dfrac{1}{x}}{\dfrac{1}{2} + \dfrac{1}{x}}$$

$$= \log_3 \frac{2 - 0}{\dfrac{1}{2} + 0}$$

$$= \log_3 4 = \log_3 2^2 = 2 \log_3 2$$

답 ④

3

$$(1 + 4x + 4x^2)^{\frac{a}{x}} = \{(1+2x)^2\}^{\frac{a}{x}}$$

$$= (1+2x)^{\frac{2a}{x}} = \{(1+2x)^{\frac{1}{2x}}\}^{4a}$$

이므로

$\displaystyle\lim_{x \to 0}(1+4x+4x^2)^{\frac{a}{x}} = \lim_{x \to 0}\{(1+2x)^{\frac{1}{2x}}\}^{4a}$이고 $2x = t$로 놓으면 $x \to 0$일 때 $t \to 0$이므로

$$\lim_{x \to 0}(1+4x+4x^2)^{\frac{a}{x}} = \lim_{x \to 0}\{(1+2x)^{\frac{1}{2x}}\}^{4a}$$

$$= \lim_{t \to 0}\{(1+t)^{\frac{1}{t}}\}^{4a}$$

$$= e^{4a}$$

$\displaystyle\lim_{x \to 0}(1+4x+4x^2)^{\frac{a}{x}} = e^8$이므로

$e^{4a} = e^8$, $4a = 8$, $a = 2$

답 ②

4

$$\lim_{x \to 0} \frac{(e^x-1)(e^x+1)}{2^{2x}-1} = \lim_{x \to 0} \frac{e^{2x}-1}{4^x-1} = \lim_{x \to 0} \frac{\dfrac{e^{2x}-1}{x}}{\dfrac{4^x-1}{x}}$$

$$= \lim_{x \to 0} \frac{\dfrac{e^{2x}-1}{2x} \times 2}{\dfrac{4^x-1}{x}} = \frac{1 \times 2}{\ln 4}$$

$$= \frac{2}{2\ln 2} = \frac{1}{\ln 2}$$

답 ②

5

$\displaystyle\lim_{x \to \infty} \frac{\log_2\left(1+\dfrac{1}{x}\right)}{e^{\frac{2}{x}}-1}$에서 $\dfrac{1}{x} = t$로 놓으면 $x \to \infty$일 때

$t \to 0+$이므로

$$\lim_{x \to \infty} \frac{\log_2\left(1+\frac{1}{x}\right)}{e^{\frac{2}{x}}-1} = \lim_{t \to 0+} \frac{\log_2(1+t)}{e^{2t}-1}$$

$$= \lim_{t \to 0+} \frac{\dfrac{\log_2(1+t)}{t}}{\dfrac{e^{2t}-1}{t}}$$

$$= \lim_{t \to 0+} \frac{\dfrac{\log_2(1+t)}{t}}{\dfrac{e^{2t}-1}{2t} \times 2}$$

$$= \frac{\dfrac{1}{\ln 2}}{1 \times 2} = \frac{1}{2\ln 2}$$

目 ①

02 여러 가지 함수의 미분 (2)

유제

본문 28~32쪽

1 $f(x) = (2x-3)e^x$에서
$$f'(x) = \{(2x-3)e^x\}' = (2x-3)'e^x + (2x-3)(e^x)'$$
$$= 2e^x + (2x-3)e^x = (2x-1)e^x$$
이므로
$f'(0) = -1$이고 $f'(1) = e$
따라서 $f'(0)f'(1) = -1 \times e = -e$

目 ①

2 $f(x) = 2^x(e^x+1)$에서
$$f'(x) = \{2^x(e^x+1)\}' = (2^x)'(e^x+1) + 2^x(e^x+1)'$$
$$= 2^x \ln 2 (e^x+1) + 2^x e^x$$
$$= 2^x\{(e^x+1)\ln 2 + e^x\}$$
이므로
$f'(0) = 2^0\{(e^0+1)\ln 2 + e^0\} = 1 + 2\ln 2$

目 ④

3 $f(x) = (2x-3)\ln x$에 대하여
$$f'(x) = \{(2x-3)\ln x\}' = (2x-3)'\ln x + (2x-3)(\ln x)'$$
$$= 2\ln x + (2x-3) \times \frac{1}{x}$$
$$= 2\ln x + \frac{2x-3}{x}$$
이므로
$f'(2) = \frac{1}{2} + 2\ln 2$

目 ④

4 $f(x) = e^{2x}\log_3 x$에 대하여
$(e^{2x})' = \{(e^2)^x\}' = (e^2)^x \ln e^2 = 2e^{2x}$이므로
$$f'(x) = (e^{2x}\log_3 x)' = (e^{2x})' \times \log_3 x + e^{2x} \times (\log_3 x)'$$
$$= 2e^{2x} \times \log_3 x + e^{2x} \times \frac{1}{x\ln 3}$$
$$= e^{2x}\left(2\log_3 x + \frac{1}{x\ln 3}\right)$$
이므로
$$f'(1) = e^2\left(0 + \frac{1}{\ln 3}\right) = \frac{e^2}{\ln 3}$$

目 ③

5 α, β가 예각일 때, $\cos\alpha > 0$, $\sin\beta > 0$이므로
$$\cos\alpha = \sqrt{1-\sin^2\alpha} = \sqrt{1-\left(\frac{1}{3}\right)^2} = \sqrt{\frac{8}{9}} = \frac{2\sqrt{2}}{3}$$
$$\sin\beta = \sqrt{1-\cos^2\beta} = \sqrt{1-\left(\frac{1}{2}\right)^2} = \sqrt{\frac{3}{4}} = \frac{\sqrt{3}}{2}$$
즉, $\sin\alpha = \frac{1}{3}$, $\cos\alpha = \frac{2\sqrt{2}}{3}$, $\sin\beta = \frac{\sqrt{3}}{2}$, $\cos\beta = \frac{1}{2}$이므로
$$\cos(\alpha-\beta) = \cos\alpha\cos\beta + \sin\alpha\sin\beta$$
$$= \frac{2\sqrt{2}}{3} \times \frac{1}{2} + \frac{1}{3} \times \frac{\sqrt{3}}{2} = \frac{2\sqrt{2}}{6} + \frac{\sqrt{3}}{6}$$
$$= \frac{2\sqrt{2}+\sqrt{3}}{6}$$
따라서
$$6\cos(\alpha-\beta) = 6 \times \frac{2\sqrt{2}+\sqrt{3}}{6} = 2\sqrt{2}+\sqrt{3}$$

目 $2\sqrt{2}+\sqrt{3}$

6 $$\lim_{x \to 0} \frac{1-\cos x}{x} = \lim_{x \to 0} \frac{(1-\cos x)(1+\cos x)}{x(1+\cos x)}$$
$$= \lim_{x \to 0} \frac{1-\cos^2 x}{x(1+\cos x)}$$
$$= \lim_{x \to 0} \frac{\sin^2 x}{x(1+\cos x)}$$
$$= \lim_{x \to 0}\left(\frac{\sin x}{x} \times \frac{\sin x}{1+\cos x}\right)$$
$$= \lim_{x \to 0} \frac{\sin x}{x} \times \lim_{x \to 0} \frac{\sin x}{1+\cos x}$$
$$= 1 \times \frac{0}{2} = 0$$

目 0

7 $(\cos^2 x)' = (\cos x \cos x)'$
$$= (\cos x)'\cos x + \cos x(\cos x)'$$
$$= -\sin x \cos x + \cos x(-\sin x)$$
$$= -2\sin x\cos x$$
이므로 $f(x) = 2\sin x - \cos^2 x$에서

$$f'(x)=(2\sin x-\cos^2 x)'=(2\sin x)'-(\cos^2 x)'$$
$$=2\cos x-(-2\sin x\cos x)$$
$$=2\cos x(1+\sin x)$$

따라서

$$f'\left(\frac{\pi}{4}\right)=2\cos\frac{\pi}{4}\left(1+\sin\frac{\pi}{4}\right)$$
$$=2\times\frac{\sqrt{2}}{2}\times\left(1+\frac{\sqrt{2}}{2}\right)=1+\sqrt{2}$$

달 ④

8 $(e^x\sin x)'=(e^x)'\sin x+e^x(\sin x)'$
$$=e^x\sin x+e^x\cos x$$
$$=e^x(\sin x+\cos x)$$
$(\cos x\ln x)'=(\cos x)'\ln x+\cos x(\ln x)'$
$$=(-\sin x)\times\ln x+\cos x\times\frac{1}{x}$$
$$=-\sin x\ln x+\frac{\cos x}{x}$$

이므로

$f(x)=e^x\sin x+\cos x\ln x$에서
$$f'(x)=(e^x\sin x+\cos x\ln x)'$$
$$=(e^x\sin x)'+(\cos x\ln x)'$$
$$=e^x(\sin x+\cos x)-\sin x\ln x+\frac{\cos x}{x}$$

따라서

$$f'(\pi)=e^\pi(\sin\pi+\cos\pi)-\sin\pi\ln\pi+\frac{\cos\pi}{\pi}$$
$$=-e^\pi-\frac{1}{\pi}$$

달 $-e^\pi-\dfrac{1}{\pi}$

기본 핵심 문제

본문 33쪽

| **1** ④ | **2** ③ | **3** ⑤ | **4** ③ | **5** ⑤ |

1

$\displaystyle\lim_{x\to 1}\frac{f(x)-f(1)}{x-1}=f'(1)$이므로

$f(x)=x^2e^x$에서
$$f'(x)=(x^2e^x)'=(x^2)'e^x+x^2(e^x)'=2xe^x+x^2e^x$$
$$=e^x(2x+x^2)$$

이므로

$$f'(1)=e(2+1)=3e$$

따라서

$$\lim_{x\to 1}\frac{f(x)-f(1)}{x-1}=f'(1)=3e$$

달 ④

2

$f(x)=x^2\ln ax$에서
$$f'(x)=(x^2\ln ax)'=(x^2)'\ln ax+x^2(\ln ax)'$$
$$=(x^2)'\ln ax+x^2(\ln a+\ln x)'$$
$$=2x\ln ax+x^2\times\frac{1}{x}$$
$$=x(2\ln ax+1)$$

이므로

$$f'\left(\frac{e}{a}\right)=\frac{e}{a}\left\{2\ln\left(a\times\frac{e}{a}\right)+1\right\}=\frac{3e}{a}$$

$f'\left(\dfrac{e}{a}\right)=\dfrac{e}{3}$에서

$$\frac{3e}{a}=\frac{e}{3},\ a=9$$

달 ③

3

삼각함수의 덧셈정리에 의하여
$$f(x)=\sin\left(x+\frac{\pi}{6}\right)+\cos\left(x+\frac{\pi}{3}\right)$$
$$=\left(\sin x\cos\frac{\pi}{6}+\cos x\sin\frac{\pi}{6}\right)$$
$$+\left(\cos x\cos\frac{\pi}{3}-\sin x\sin\frac{\pi}{3}\right)$$
$$=\left(\sin x\times\frac{\sqrt{3}}{2}+\cos x\times\frac{1}{2}\right)$$
$$+\left(\cos x\times\frac{1}{2}-\sin x\times\frac{\sqrt{3}}{2}\right)$$
$$=\frac{\sqrt{3}}{2}\sin x+\frac{1}{2}\cos x+\frac{1}{2}\cos x-\frac{\sqrt{3}}{2}\sin x$$
$$=\cos x$$

$0\le x\le 2\pi$에서 $-1\le\cos x\le 1$이므로

$-1\le f(x)\le 1$

따라서 $0\le x\le 2\pi$에서 함수 $f(x)$의 최댓값은 1이다.

달 ⑤

4

$$\csc x=\frac{1}{\sin x}$$
$$\cot x=\frac{1}{\tan x}=\frac{1}{\dfrac{\sin x}{\cos x}}=\frac{\cos x}{\sin x}$$

이므로

$\lim_{x \to 0}(\csc x - \cot x)$

$=\lim_{x \to 0}\left(\dfrac{1}{\sin x} - \dfrac{\cos x}{\sin x}\right) = \lim_{x \to 0}\dfrac{1-\cos x}{\sin x}$

$=\lim_{x \to 0}\left(\dfrac{x}{\sin x} \times \dfrac{1-\cos x}{x}\right)$

$=\lim_{x \to 0}\dfrac{x}{\sin x} \times \lim_{x \to 0}\dfrac{1-\cos x}{x}$ ...... ㉠

$\lim_{x \to 0}\dfrac{1-\cos x}{x} = \lim_{x \to 0}\dfrac{(1-\cos x)(1+\cos x)}{x(1+\cos x)}$

$=\lim_{x \to 0}\dfrac{1-\cos^2 x}{x(1+\cos x)}$

$=\lim_{x \to 0}\dfrac{\sin^2 x}{x(1+\cos x)}$

$=\lim_{x \to 0}\left(\dfrac{\sin^2 x}{x^2} \times \dfrac{x}{1+\cos x}\right) = 1^2 \times 0 = 0$

이므로 ㉠에서

$\lim_{x \to 0}(\csc x - \cot x) = 1 \times 0 = 0$

답 ③

5

$f(x) = e^x(\sin x + \cos x)$이므로

$f'(x) = \{e^x(\sin x + \cos x)\}'$

$= (e^x)'(\sin x + \cos x) + e^x(\sin x + \cos x)'$

$= e^x(\sin x + \cos x) + e^x(\cos x - \sin x)$

$= 2e^x \cos x$

이고

$g(x) = \lim_{h \to 0}\dfrac{f(x+h) - f(x-h)}{h}$

$= \lim_{h \to 0}\dfrac{f(x+h) - f(x) - f(x-h) + f(x)}{h}$

$= \lim_{h \to 0}\left\{\dfrac{f(x+h) - f(x)}{h} - \dfrac{f(x-h) - f(x)}{h}\right\}$

$= \lim_{h \to 0}\left\{\dfrac{f(x+h) - f(x)}{h} + \dfrac{f(x-h) - f(x)}{-h}\right\}$

$= \lim_{h \to 0}\dfrac{f(x+h) - f(x)}{h} + \lim_{h \to 0}\dfrac{f(x-h) - f(x)}{-h}$

$= f'(x) + f'(x)$

$= 2f'(x)$

$= 4e^x \cos x$

따라서

$g(0) = 4 \times e^0 \times \cos 0 = 4 \times 1 \times 1 = 4$

답 ⑤

03 여러 가지 미분법

 유제

본문 34~40쪽

1 $\left(\dfrac{1}{x^3}\right)' = (x^{-3})' = -3x^{-3-1} = -3x^{-4} = -\dfrac{3}{x^4}$

$\left(\dfrac{1}{x}\right)' = (x^{-1})' = -x^{-1-1} = -x^{-2} = -\dfrac{1}{x^2}$

이므로

$f(x) = \dfrac{1}{x^3} - \dfrac{1}{x}$에서

$f'(x) = \left(\dfrac{1}{x^3} - \dfrac{1}{x}\right)' = \left(\dfrac{1}{x^3}\right)' - \left(\dfrac{1}{x}\right)' = -\dfrac{3}{x^4} - \left(-\dfrac{1}{x^2}\right)$

$= -\dfrac{3}{x^4} + \dfrac{1}{x^2}$

따라서

$f'(-1) = -3 + 1 = -2$

답 ①

2 $(\sec x)' = \sec x \tan x,\ (\csc x)' = -\csc x \cot x$이므로

$f'(x) = (\sec x \csc x)'$

$= (\sec x)' \csc x + \sec x(\csc x)'$

$= \sec x \tan x \times \csc x + \sec x \times (-\csc x \cot x)$

$= \sec x \csc x(\tan x - \cot x)$

$= \dfrac{1}{\cos x \sin x}\left(\dfrac{\sin x}{\cos x} - \dfrac{\cos x}{\sin x}\right)$

$= \dfrac{1}{\cos^2 x} - \dfrac{1}{\sin^2 x}$

$= \sec^2 x - \csc^2 x$

따라서

$\lim_{x \to \frac{\pi}{4}}\dfrac{f(x) - f\left(\frac{\pi}{4}\right)}{x - \frac{\pi}{4}} = f'\left(\dfrac{\pi}{4}\right) = \sec^2 \dfrac{\pi}{4} - \csc^2 \dfrac{\pi}{4}$

$= 2 - 2 = 0$

답 0

3 $f(x) = \ln(x^3 + 2x^2)$에서 $y = f(u)$, $u = x^3 + 2x^2$으로 놓으면 $y = \ln u$이므로

$\dfrac{dy}{du} = (\ln u)' = \dfrac{1}{u}$, $\dfrac{du}{dx} = (x^3 + 2x^2)' = 3x^2 + 4x$

$f'(x) = \dfrac{dy}{dx} = \dfrac{dy}{du} \times \dfrac{du}{dx} = \dfrac{1}{u} \times (3x^2 + 4x)$

$= \dfrac{3x^2 + 4x}{x^3 + 2x^2} = \dfrac{3x + 4}{x^2 + 2x}$

따라서
$$\lim_{x \to 1} \frac{f(x)-f(1)}{x-1}=f'(1)=\frac{3\times1+4}{1^2+2\times1}=\frac{7}{3}$$

답 $\dfrac{7}{3}$

4 $f(x)=2xe^{3x+a}$에서

$$\begin{aligned}
f'(x)&=(2xe^{3x+a})'\\
&=(2x)'e^{3x+a}+2x(e^{3x+a})'\\
&=2e^{3x+a}+2x\times e^{3x+a}\times(3x+a)'\\
&=2e^{3x+a}+2x\times e^{3x+a}\times3\\
&=2(1+3x)e^{3x+a}
\end{aligned}$$

이고

$$f'(1)=2\times4\times e^{3+a}=8e^{3+a}$$

$$\lim_{x \to 1}\frac{f(x)-f(1)}{x-1}=8e^5$$이므로

$$\lim_{x \to 1}\frac{f(x)-f(1)}{x-1}=f'(1)=8e^{3+a}=8e^5$$

따라서 $3+a=5$, $a=2$

답 ①

5 $y=\ln(\tan x)$에서 $(\tan x)'=\sec^2 x$이므로

$$y'=(\ln(\tan x))'=\frac{(\tan x)'}{\tan x}=\frac{\sec^2 x}{\tan x}$$

이고, 곡선 $y=\ln(\tan x)$ 위의 점 $(a, \ln(\tan a))$에서의 접선의 기울기가 $\dfrac{5}{2}$이므로

$$\frac{\sec^2 a}{\tan a}=\frac{5}{2}$$

$$2\sec^2 a=5\tan a$$

$$2(1+\tan^2 a)-5\tan a=0$$

$$2\tan^2 a-5\tan a+2=0$$

$$(2\tan a-1)(\tan a-2)=0$$

$0<x<\dfrac{\pi}{4}$이므로 $0<a<\dfrac{\pi}{4}$이고 $0<\tan a<1$

따라서 $\tan a=\dfrac{1}{2}$

답 ⑤

6 $x=t-\dfrac{1}{t}$에서

$$\frac{dx}{dt}=\left(t-\frac{1}{t}\right)'=(t)'-\left(\frac{1}{t}\right)'=1+\frac{1}{t^2}=\frac{t^2+1}{t^2}$$

$y=t+\sqrt{t}$에서

$$\frac{dy}{dt}=(t+\sqrt{t})'=(t)'+(\sqrt{t})'=1+\frac{1}{2\sqrt{t}}=\frac{2t+\sqrt{t}}{2t}$$

이고, 매개변수로 나타낸 함수의 미분법에 의하여

$$\frac{dy}{dx}=\frac{\dfrac{dy}{dt}}{\dfrac{dx}{dt}}=\frac{\dfrac{2t+\sqrt{t}}{2t}}{\dfrac{t^2+1}{t^2}}=\frac{t(2t+\sqrt{t})}{2(t^2+1)}$$

따라서 $t=4$일 때

$$\frac{dy}{dx}=\frac{4(2\times4+\sqrt{4})}{2(4^2+1)}=\frac{20}{17}$$

답 $\dfrac{20}{17}$

7 $x=a\sin\theta$에서 $\dfrac{dx}{d\theta}=(a\sin\theta)'=a\cos\theta$

$y=b\cos\theta$에서 $\dfrac{dy}{d\theta}=(b\cos\theta)'=-b\sin\theta$

이고, 매개변수로 나타낸 함수의 미분법에 의하여

$$\frac{dy}{dx}=\frac{\dfrac{dy}{d\theta}}{\dfrac{dx}{d\theta}}=\frac{-b\sin\theta}{a\cos\theta}=-\frac{b\sin\theta}{a\cos\theta}$$

이므로 $\theta=\dfrac{\pi}{3}$일 때

$$\frac{dy}{dx}=-\frac{b\sin\dfrac{\pi}{3}}{a\cos\dfrac{\pi}{3}}=-\frac{\dfrac{\sqrt{3}}{2}b}{\dfrac{1}{2}a}=-\frac{b\sqrt{3}}{a}$$

또, 곡선 $x=a\sin\theta$, $y=b\cos\theta$에 대하여 $\theta=\dfrac{\pi}{3}$에 대응하는 점에서의 $\dfrac{dy}{dx}$의 값이 $-\sqrt{3}$이므로

$$-\frac{b\sqrt{3}}{a}=-\sqrt{3},\ \frac{b}{a}=1$$

답 ③

8 $xy-1=0$에서 y를 x의 함수로 보고 양변을 x에 대하여 미분하면

$$\frac{d}{dx}(xy)-\frac{d}{dx}(1)=0$$

$$y+x\frac{dy}{dx}=0,\ \frac{dy}{dx}=-\frac{y}{x}\ (단,\ x\neq0)$$

이 식에 $x=\dfrac{1}{2}$, $y=2$를 대입하면

$$\frac{dy}{dx}=-\frac{2}{\dfrac{1}{2}}=-4$$

답 ①

9 함수 $g(x)$가 함수 $f(x)=(x+1)^3$의 역함수이므로

$g(1)=a$ (a는 실수)로 놓으면 $f(a)=1$

$f(a)=(a+1)^3=1$, $a^3+3a^2+3a+1=1$, $a(a^2+3a+3)=0$

a는 실수이므로 $a=0$

즉, $g(1)=0$

또한 $f'(x)=\{(x+1)^3\}'=3(x+1)^2$이므로 $f'(0)=3$

따라서 $g'(1)=\dfrac{1}{f'(g(1))}=\dfrac{1}{f'(0)}=\dfrac{1}{3}$

답 ②

10 $\displaystyle\lim_{x\to1}\dfrac{g(x)-2}{x-1}=3$에서

$x\to1$일 때 (분모)$\to0$이고, 극한값이 존재하므로

(분자)$\to0$에서 $g(1)=2$이다.

$\displaystyle\lim_{x\to1}\dfrac{g(x)-2}{x-1}=\lim_{x\to1}\dfrac{g(x)-g(1)}{x-1}=g'(1)=3$

함수 $f(x)$의 역함수가 $g(x)$이므로

$g(1)=2$에서 $f(2)=1$이고 $g'(1)=3$이다.

$f'(2)=\dfrac{1}{g'(f(2))}=\dfrac{1}{g'(1)}=\dfrac{1}{3}$

따라서

$f'(2)+g'(1)=\dfrac{1}{3}+3=\dfrac{10}{3}$

답 ③

11 $f(x)=x\cos x$에서

$f'(x)=(x\cos x)'=(x)'\cos x+x(\cos x)'$
$\qquad=\cos x+x\times(-\sin x)$
$\qquad=\cos x-x\sin x$

이므로

$f'\left(\dfrac{\pi}{2}\right)=\cos\dfrac{\pi}{2}-\dfrac{\pi}{2}\times\sin\dfrac{\pi}{2}$

$\qquad\quad=0-\dfrac{\pi}{2}\times1=-\dfrac{\pi}{2}$

또, 함수 $y=f(x)$의 이계도함수 $y=f''(x)$는

$f''(x)=(\cos x-x\sin x)'=(\cos x)'-(x\sin x)'$
$\qquad=(\cos x)'-\{(x)'\sin x+x(\sin x)'\}$
$\qquad=-\sin x-\sin x-x\cos x$
$\qquad=-2\sin x-x\cos x$

이므로

$f''\left(\dfrac{\pi}{2}\right)=-2\sin\dfrac{\pi}{2}-\dfrac{\pi}{2}\times\cos\dfrac{\pi}{2}$

$\qquad\quad=-2\times1-\dfrac{\pi}{2}\times0=-2$

따라서

$\dfrac{f'\left(\dfrac{\pi}{2}\right)}{f''\left(\dfrac{\pi}{2}\right)}=\dfrac{-\dfrac{\pi}{2}}{-2}=\dfrac{\pi}{4}$

답 ⑤

12 $f(x)=\dfrac{\ln x}{x}$에서

$f'(x)=\left(\dfrac{\ln x}{x}\right)'=\dfrac{(\ln x)'\times x-\ln x\times(x)'}{x^2}$

$\qquad=\dfrac{\dfrac{1}{x}\times x-\ln x\times1}{x^2}$

$\qquad=\dfrac{1-\ln x}{x^2}$

이므로 함수 $y=f(x)$의 이계도함수 $y=f''(x)$는

$f''(x)=\left(\dfrac{1-\ln x}{x^2}\right)'$

$\qquad=\dfrac{(1-\ln x)'\times x^2-(1-\ln x)\times(x^2)'}{(x^2)^2}$

$\qquad=\dfrac{-\dfrac{1}{x}\times x^2-(1-\ln x)\times2x}{x^4}$

$\qquad=\dfrac{-x-2x(1-\ln x)}{x^4}$

$\qquad=\dfrac{-1-2(1-\ln x)}{x^3}$

$\qquad=\dfrac{2\ln x-3}{x^3}$

따라서

$\displaystyle\lim_{x\to e}\dfrac{f'(x)-f'(e)}{x-e}=f''(e)=\dfrac{2\ln e-3}{e^3}=\dfrac{-1}{e^3}=-e^{-3}$

답 ②

기본 핵심 문제　　　　　본문 41쪽

| 1 ④ | 2 ① | 3 ③ | 4 ⑤ | 5 ② |

1

$f(x)=\dfrac{x^2+a}{x+b}$에서

$f(2)=4$이므로 $f(2)=\dfrac{4+a}{2+b}=4$

$a-4b=4$ ······ ㉠

$f'(x)=\left(\dfrac{x^2+a}{x+b}\right)'$

$\qquad=\dfrac{(x^2+a)'\times(x+b)-(x^2+a)\times(x+b)'}{(x+b)^2}$

$\qquad=\dfrac{2x\times(x+b)-(x^2+a)\times1}{(x+b)^2}$

$\qquad=\dfrac{x^2+2bx-a}{(x+b)^2}$

에서 $f'(1)=0$이므로

$f'(1) = \dfrac{1^2 + 2b \times 1 - a}{(1+b)^2} = \dfrac{-a + 2b + 1}{(b+1)^2} = 0$

$a - 2b = 1$ ...... ㉡

㉠, ㉡에서 $a = -2$, $b = -\dfrac{3}{2}$

따라서 $ab = -2 \times \left(-\dfrac{3}{2}\right) = 3$

답 ④

2

$f(x) = 3x^3 + 2x^2 + x + 1$에서

$f(1) = 3 \times 1^3 + 2 \times 1^2 + 1 + 1 = 7$

이고

$f'(x) = (3x^3 + 2x^2 + x + 1)' = 9x^2 + 4x + 1$

이므로

$f'(1) = 9 \times 1^2 + 4 \times 1 + 1 = 14$

$h(x) = g(f(x))$에서 합성함수의 미분법에 의하여

$h'(x) = g'(f(x))f'(x)$

이고 $h'(1) = 7$이므로

$h'(1) = g'(f(1))f'(1) = g'(7) \times 14 = 7$

따라서 $g'(7) = \dfrac{7}{14} = \dfrac{1}{2}$

답 ①

3

$x = a \sec \theta$에서 $\dfrac{dx}{d\theta} = (a \sec \theta)' = a \sec \theta \tan \theta$

$y = b \tan \theta$에서 $\dfrac{dy}{d\theta} = (b \tan \theta)' = b \sec^2 \theta$

이고 매개변수로 나타낸 함수의 미분법에 의하여

$\dfrac{dy}{dx} = \dfrac{\dfrac{dy}{d\theta}}{\dfrac{dx}{d\theta}} = \dfrac{b \sec^2 \theta}{a \sec \theta \tan \theta} = \dfrac{b}{a \sin \theta}$

$\theta = \dfrac{\pi}{4}$에서 $\dfrac{dy}{dx} = \dfrac{b}{a \sin \dfrac{\pi}{4}} = \dfrac{b\sqrt{2}}{a}$

곡선 $x = a \sec \theta$, $y = b \tan \theta$에 대하여 $\theta = \dfrac{\pi}{4}$에 대응하는

점에서의 $\dfrac{dy}{dx}$의 값이 3이므로

$\dfrac{b\sqrt{2}}{a} = 3$, $\dfrac{b}{a} = \dfrac{3\sqrt{2}}{2}$

답 ③

4

$3xy = 5$에서 y를 x의 함수로 보고 양변을 x에 대하여 미분

하면

$\dfrac{d}{dx}(3xy) = \dfrac{d}{dx}(5)$

$3y + 3x \dfrac{dy}{dx} = 0$, $\dfrac{dy}{dx} = -\dfrac{y}{x}$ (단, $x \neq 0$)

이 식에 $x = 5$, $y = \dfrac{1}{3}$을 대입하면

$\dfrac{dy}{dx} = -\dfrac{\dfrac{1}{3}}{5} = -\dfrac{1}{15}$

답 ⑤

5

$f(x) = e^{ax+b} \cos x$에서

$f'(x) = (e^{ax+b} \cos x)'$

$= (e^{ax+b})' \times \cos x + e^{ax+b} \times (\cos x)'$

$= ae^{ax+b} \times \cos x + e^{ax+b} \times (-\sin x)$

$= e^{ax+b}(a \cos x - \sin x)$

$f''(x) = \{e^{ax+b}(a \cos x - \sin x)\}'$

$= (e^{ax+b})' \times (a \cos x - \sin x)$
$\qquad + e^{ax+b} \times (a \cos x - \sin x)'$

$= ae^{ax+b}(a \cos x - \sin x)$
$\qquad + e^{ax+b}(-a \sin x - \cos x)$

$= e^{ax+b}\{(a^2 - 1) \cos x - 2a \sin x\}$

이므로

$f'\left(\dfrac{\pi}{2}\right) = -1$에서

$f'\left(\dfrac{\pi}{2}\right) = e^{\frac{\pi}{2}a+b}\left(a \cos \dfrac{\pi}{2} - \sin \dfrac{\pi}{2}\right) = -e^{\frac{\pi}{2}a+b} = -1$

즉, $\dfrac{\pi}{2}a + b = 0$ ...... ㉠

$\lim\limits_{x \to 0} \dfrac{f'(x) - f'(0)}{x} = e^b$에서

$\lim\limits_{x \to 0} \dfrac{f'(x) - f'(0)}{x} = f''(0) = e^b$이므로

$f''(0) = e^b\{(a^2 - 1) \cos 0 - 2a \sin 0\}$

$\qquad = (a^2 - 1)e^b = e^b$

$a^2 - 1 = 1$, $a^2 = 2$

$a > 0$이므로 $a = \sqrt{2}$

㉠에 $a = \sqrt{2}$를 대입하면

$b = -\dfrac{\pi}{2} \times \sqrt{2} = -\dfrac{\sqrt{2}}{2}\pi$

따라서

$ab = \sqrt{2} \times \left(-\dfrac{\sqrt{2}}{2}\pi\right) = -\pi$

답 ②

04 도함수의 활용

 유제

본문 42~48쪽

1 $f(x)=\ln(2x-4)$로 놓으면
$$f'(x)=\frac{2}{2x-4}=\frac{1}{x-2}$$
접점의 좌표를 $(t, \ln(2t-4))$라 하면
$f'(t)=2$에서
$$\frac{1}{t-2}=2, \ t=\frac{5}{2}$$
즉, 접점의 좌표가 $\left(\frac{5}{2}, 0\right)$이므로 접선의 방정식은
$$y-0=2\left(x-\frac{5}{2}\right), \ y=2x-5$$
따라서 구하는 y절편은 -5

답 ①

2 $f(x)=-2xe^{4x}$으로 놓으면
$$f'(x)=-2e^{4x}-8xe^{4x}=-2(4x+1)e^{4x}$$
접점의 좌표를 $(t, -2te^{4t})$이라 하면
접선의 기울기는 $f'(t)=-2(4t+1)e^{4t}$
이므로 접선의 방정식은
$$y-(-2te^{4t})=-2(4t+1)e^{4t}(x-t)$$
$x=1, y=0$을 각각 대입하면
$$2te^{4t}=-2(4t+1)e^{4t}(1-t), \ t=-(4t+1)(1-t)$$
즉, $4t^2-4t-1=0$
두 접점의 x좌표는 방정식 $4t^2-4t-1=0$의 서로 다른 두 실근이므로 구하는 값은 근과 계수의 관계에 의하여
$$-\left(\frac{-4}{4}\right)=1$$

답 ③

3 $x=2t-2, \ y=e^t$에서
$$\frac{dx}{dt}=2, \ \frac{dy}{dt}=e^t$$이므로
$$\frac{dy}{dx}=\frac{\dfrac{dy}{dt}}{\dfrac{dx}{dt}}=\frac{e^t}{2}$$
따라서 곡선 위의 $t=1$에 대응하는 점에서의 접선의 기울기는
$$\frac{e^1}{2}=\frac{e}{2}$$
$t=1$일 때, $x=0, \ y=e$이므로 곡선 위의 $t=1$에 대응하는 점 $(0, e)$에서의 접선의 방정식은
$$y-e=\frac{e}{2}(x-0), \ y=\frac{e}{2}x+e$$

따라서 $a=\dfrac{e}{2}, \ b=e$이므로
$$\frac{a}{b}=\frac{\dfrac{e}{2}}{e}=\frac{1}{2}$$

답 ②

4 $x^2+xy=6$에서 음함수의 미분법에 의하여
$$\frac{d}{dx}(x^2)+\frac{d}{dx}(xy)=\frac{d}{dx}(6)$$
$$2x+\left(y+x\frac{dy}{dx}\right)=0$$
$$\frac{dy}{dx}=-\frac{2x+y}{x}$$
$x=2, y=1$을 각각 대입하면 접선의 기울기는
$$-\frac{2\times2+1}{2}=-\frac{5}{2}$$
즉, 점 $(2, 1)$에서의 접선의 방정식은
$$y-1=-\frac{5}{2}(x-2), \ y=-\frac{5}{2}x+6$$
따라서 구하는 y절편은 6

답 ①

5 $f(x)=x+\dfrac{1}{x}$에서 $f'(x)=1-\dfrac{1}{x^2}$
$f'(x)=0$에서 $x=-1$ 또는 $x=1$
$f''(x)=\dfrac{2}{x^3}$이므로
$f''(-1)=-2<0, \ f''(1)=2>0$
즉, 함수 $f(x)$는 $x=-1$에서 극대이고, $x=1$에서 극소이다.
따라서 $M=f(-1)=-2, \ m=f(1)=2$이므로
$$M-m=-2-2=-4$$

답 ①

6 (1) $f(x)=x^3-3x^2+6x+1$로 놓으면
  $$f'(x)=3x^2-6x+6, \ f''(x)=6x-6$$
  $f''(x)=0$에서 $x=1$
  $x=1$의 좌우에서 $f''(x)$의 부호가 $-$에서 $+$로 바뀌고
  $f(1)=5$이므로 변곡점의 좌표는 $(1, 5)$
(2) $f(x)=4x+2\cos x \ (0<x<\pi)$로 놓으면
  $$f'(x)=4-2\sin x, \ f''(x)=-2\cos x$$
  $f''(x)=0$에서 $x=\dfrac{\pi}{2} \ (0<x<\pi)$
  $x=\dfrac{\pi}{2}$의 좌우에서 $f''(x)$의 부호가 $-$에서 $+$로 바뀌고
  $f\left(\dfrac{\pi}{2}\right)=2\pi$이므로 변곡점의 좌표는 $\left(\dfrac{\pi}{2}, 2\pi\right)$

답 (1) $(1, 5)$ (2) $\left(\dfrac{\pi}{2}, 2\pi\right)$

7 $f(x)=x-2\sin x$에서 $f'(x)=1-2\cos x$

$f'(x)=0$에서 $\cos x=\dfrac{1}{2}$이므로

$x=\dfrac{\pi}{3}$ 또는 $x=\dfrac{5\pi}{3}$ $(0\le x\le 2\pi)$

닫힌 구간 $[0,\,2\pi]$에서 함수 $f(x)$의 증가와 감소를 표로 나타내면 다음과 같다.

x	0	$\cdots$	$\dfrac{\pi}{3}$	$\cdots$	$\dfrac{5\pi}{3}$	$\cdots$	2π
$f'(x)$		$-$	0	$+$	0	$-$	
$f(x)$	0	$\searrow$	$\dfrac{\pi}{3}-\sqrt{3}$	$\nearrow$	$\dfrac{5\pi}{3}+\sqrt{3}$	$\searrow$	2π

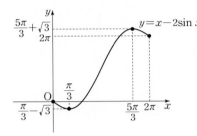

즉, 함수 $f(x)$는 $x=\dfrac{5\pi}{3}$에서 최댓값 $\dfrac{5\pi}{3}+\sqrt{3}$을 가지고,

$x=\dfrac{\pi}{3}$에서 최솟값 $\dfrac{\pi}{3}-\sqrt{3}$을 가진다.

따라서 $M=\dfrac{5\pi}{3}+\sqrt{3}$, $m=\dfrac{\pi}{3}-\sqrt{3}$이므로

$M+m=\left(\dfrac{5}{3}\pi+\sqrt{3}\right)+\left(\dfrac{\pi}{3}-\sqrt{3}\right)=2\pi$

🔲 2π

8 $f(x)=x+\dfrac{4}{x^2}$로 놓으면

방정식 $x+\dfrac{4}{x^2}=k$의 서로 다른 실근의 개수는 함수 $y=f(x)$

의 그래프와 직선 $y=k$의 교점의 개수와 같다.

$f'(x)=1-\dfrac{8}{x^3}=\dfrac{x^3-8}{x^3}$

이므로 $f'(x)=0$에서 $x=2$

함수 $f(x)$의 증가와 감소를 표로 나타내면 다음과 같다.

x	$\cdots$	(0)	$\cdots$	2	$\cdots$
$f'(x)$	$+$		$-$	0	$+$
$f(x)$	$\nearrow$		$\searrow$	3	$\nearrow$

즉, 함수 $f(x)$는 $x=2$에서 극솟값 3을 가지고,

$\lim\limits_{x\to\infty}f(x)=\infty$, $\lim\limits_{x\to-\infty}f(x)=-\infty$, $\lim\limits_{x\to0}f(x)=\infty$

이므로 함수 $y=f(x)$의 그래프와 직선 $y=k$는 그림과 같다.

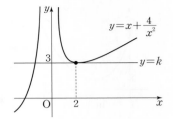

따라서 함수 $y=f(x)$의 그래프와 직선 $y=k$의 교점의 개수

가 2가 되도록 하는 실수 k의 값은 3

🔲 ③

9 $f(x)=2e^x+27e^{-2x}-k$로 놓으면

$f'(x)=2e^x-54e^{-2x}=\dfrac{2(e^{3x}-27)}{e^{2x}}$

$f'(x)=0$에서 $e^{3x}=27$이므로

$3x=\ln 27$, $x=\ln 3$

함수 $f(x)$의 증가와 감소를 표로 나타내면 다음과 같다.

x	$\cdots$	$\ln 3$	$\cdots$
$f'(x)$	$-$	0	$+$
$f(x)$	$\searrow$	$9-k$	$\nearrow$

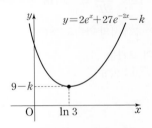

즉, 함수 $f(x)$는 $x=\ln 3$에서 최솟값 $9-k$를 가지므로 모든 실수 x에 대하여 주어진 부등식이 성립하려면 $9-k>0$, 즉 $k<9$이어야 한다.

따라서 자연수 k의 개수는 8

🔲 ④

[다른 풀이]

$f(x)=2e^x+27e^{-2x}$, $g(x)=k$라 하자.

모든 실수 x에 대하여 부등식 $2e^x+27e^{-2x}>k$, 즉

$f(x)>g(x)$가 성립하려면 함수 $y=f(x)$의 그래프가 함수 $y=g(x)$의 그래프보다 위에 있어야 한다.

함수 $f(x)$의 증가와 감소를 표로 나타내면 다음과 같다.

x	$\cdots$	$\ln 3$	$\cdots$
$f'(x)$	$-$	0	$+$
$f(x)$	$\searrow$	9	$\nearrow$

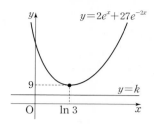

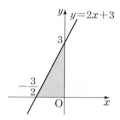

즉, 함수 $f(x)$는 $x=\ln 3$에서 최솟값 9를 가지므로 모든 실수 x에 대하여 주어진 부등식이 성립하려면 $k<9$이어야 한다.
따라서 자연수 k의 개수는 8

10 $x=a\ln t+(\ln t)^2$에서
$\dfrac{dx}{dt}=\dfrac{a}{t}+2\ln t\times\dfrac{1}{t}=\dfrac{a+2\ln t}{t}$
점 P의 시각 $t=e$에서의 속도가 1이므로
$\dfrac{a+2\ln e}{e}=1$에서 $a=e-2$

답 ①

11 $x=t^2-t$, $y=\sin 2t$에서
$\dfrac{dx}{dt}=2t-1$이므로 $\dfrac{d^2x}{dt^2}=2$
$\dfrac{dy}{dt}=2\cos 2t$이므로 $\dfrac{d^2y}{dt^2}=-4\sin 2t$
점 P의 시각 $t=\dfrac{\pi}{4}$에서의 가속도가 $(2,-4)$이므로
구하는 가속도의 크기는
$\sqrt{2^2+(-4)^2}=\sqrt{20}=2\sqrt{5}$

답 ③

기본 핵심 문제　　　　　본문 49쪽

1 ⑤　　**2** ④　　**3** ①　　**4** ④　　**5** ③

1
$f(x)=2\tan x+3\sec x$로 놓으면
$f'(x)=2\sec^2 x+3\sec x\tan x$
$f'(0)=2$이므로 곡선 위의 점 $(0,3)$에서의 접선의 방정식은
$y-3=2(x-0)$, $y=2x+3$

이 직선의 x절편이 $-\dfrac{3}{2}$, y절편이 3이므로 구하는 삼각형의 넓이는
$\dfrac{1}{2}\times\dfrac{3}{2}\times 3=\dfrac{9}{4}$

답 ⑤

2
$f(x)=\sin^2 x$에서
$f'(x)=2\sin x\cos x$
$f'(x)=0$에서
$x=\dfrac{\pi}{2}$ 또는 $x=\pi$ 또는 $x=\dfrac{3\pi}{2}$ $(0<x<2\pi)$
$f''(x)=2\cos x\cos x+2\sin x(-\sin x)$
$\qquad=2(\cos^2 x-\sin^2 x)$
이므로
$f''\left(\dfrac{\pi}{2}\right)=-2<0$, $f''(\pi)=2>0$, $f''\left(\dfrac{3\pi}{2}\right)=-2<0$
즉, 함수 $f(x)$는 $x=\dfrac{\pi}{2}$에서 극대, $x=\pi$에서 극소,
$x=\dfrac{3\pi}{2}$에서 극대이다.
따라서 $a=2$, $b=1$이므로 $a-b=1$

답 ④

3
$f(x)=x\sqrt{4-x^2}$에서
$f'(x)=\sqrt{4-x^2}+x\times\dfrac{-2x}{2\sqrt{4-x^2}}$
$\qquad=\dfrac{(4-x^2)-x^2}{\sqrt{4-x^2}}=\dfrac{4-2x^2}{\sqrt{4-x^2}}$
$\qquad=-\dfrac{2(x+\sqrt2)(x-\sqrt2)}{\sqrt{4-x^2}}$
$f'(x)=0$에서 $x=-\sqrt2$ 또는 $x=\sqrt2$
닫힌 구간 $[-2,2]$에서 함수 $f(x)$의 증가와 감소를 표로 나타내면 다음과 같다.

x	-2	$\cdots$	$-\sqrt2$	$\cdots$	$\sqrt2$	$\cdots$	2
$f'(x)$		$-$	0	$+$	0	$-$	
$f(x)$	0	$\searrow$	-2	$\nearrow$	2	$\searrow$	0

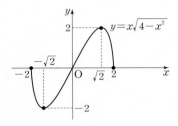

즉, 함수 $f(x)$는 $x=-\sqrt{2}$에서 최솟값 -2를 가지고, $x=\sqrt{2}$에서 최댓값 2를 가진다.

따라서 $M=2$, $m=-2$이므로 $Mm=2\times(-2)=-4$

답 ①

4 $f(x)=2\ln x-x^2$으로 놓으면

주어진 방정식의 서로 다른 실근의 개수는 함수 $y=f(x)$의 그래프와 직선 $y=k$의 교점의 개수와 같다.

$f'(x)=\dfrac{2}{x}-2x=\dfrac{2-2x^2}{x}=-\dfrac{2(x+1)(x-1)}{x}$

$f'(x)=0$에서 $x>0$이므로 $x=1$

함수 $f(x)$의 증가와 감소를 표로 나타내면 다음과 같다.

x	(0)	$\cdots$	1	$\cdots$
$f'(x)$		$+$	0	$-$
$f(x)$		↗	-1	↘

즉, 함수 $f(x)$는 $x=1$에서 극댓값 -1을 가지고,

$\lim\limits_{x\to 0+}f(x)=-\infty$, $\lim\limits_{x\to\infty}f(x)=-\infty$

이므로 함수 $y=f(x)$의 그래프와 직선 $y=k$는 그림과 같다.

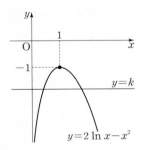

따라서 함수 $y=f(x)$의 그래프와 직선 $y=k$의 교점의 개수가 2가 되도록 하는 정수 k의 최댓값은 -2

답 ④

5

$x=2t+1$, $y=6t-t^2$에서

$\dfrac{dx}{dt}=2$, $\dfrac{dy}{dt}=6-2t$

이므로 점 P의 시각 t에서의 속도는 $(2,\ 6-2t)$

이때 속력은 $\sqrt{2^2+(6-2t)^2}$, 즉 $\sqrt{4(t-3)^2+4}$이므로 속력이 최소일 때의 시각은 $t=3$

따라서 점 P의 시각 $t=3$에서의 위치 $(x,\ y)$는

$x=2\times 3+1=7$, $y=6\times 3-3^2=9$이므로 구하는 점 P의 좌표는 $(7,\ 9)$

답 ③

단원 종합 문제

본문 50~52쪽

1 ②	2 ④	3 ③	4 ①
5 ②	6 ②	7 ②	8 ⑤
9 ②	10 ②	11 ①	12 ②
13 ③	14 4	15 4	

1

$\lim\limits_{x\to 0}\dfrac{\ln(1+2x)}{\sin 3x}=\lim\limits_{x\to 0}\left\{\dfrac{\ln(1+2x)}{2x}\times\dfrac{3x}{\sin 3x}\times\dfrac{2}{3}\right\}$

$=\dfrac{2}{3}$

답 ②

2

$f(x)=x^n-2^{x-1}$으로 놓으면 $f(1)=0$이므로

$\lim\limits_{x\to 1}\dfrac{x^n-2^{x-1}}{x-1}=\lim\limits_{x\to 1}\dfrac{f(x)-f(1)}{x-1}=4-\ln 2$

즉, $f'(1)=4-\ln 2$

$f(x)=x^n-2^{x-1}=x^n-\dfrac{1}{2}\times 2^x$에서

$f'(x)=nx^{n-1}-\dfrac{\ln 2}{2}\times 2^x$

이므로 $f'(1)=n-\ln 2=4-\ln 2$

따라서 $n=4$

답 ④

3

직선 $y=mx$와 x축의 양의 방향이 이루는 예각의 크기를 θ라 하면, 직선 $y=\dfrac{4}{3}x$와 x축의 양의 방향이 이루는 예각의 크기는 2θ이므로

$\dfrac{4}{3}=\tan 2\theta=\tan(\theta+\theta)=\dfrac{2\tan\theta}{1-\tan^2\theta}$

$2\tan^2\theta+3\tan\theta-2=0$

$(2\tan\theta-1)(\tan\theta+2)=0$

$\tan\theta>0$이므로 $\tan\theta=\dfrac{1}{2}$

따라서 $m=\tan\theta=\dfrac{1}{2}$

답 ③

4

$f(x)=\dfrac{x^6-8}{x^3(x^2-2)}=\dfrac{(x^2-2)(x^4+2x^2+4)}{x^3(x^2-2)}$

$\qquad=\dfrac{x^4+2x^2+4}{x^3}=x+\dfrac{2}{x}+\dfrac{4}{x^3}$

$f'(x)=1-\dfrac{2}{x^2}-\dfrac{12}{x^4}$에서

$f'(1)=1-2-12=-13$

답 ①

5

$g(x)=\dfrac{1}{f(3x)+x^2}$에서

$g'(x)=-\dfrac{\{f(3x)+x^2\}'}{\{f(3x)+x^2\}^2}$

$\qquad=-\dfrac{3f'(3x)+2x}{\{f(3x)+x^2\}^2}$

따라서

$g'(1)=-\dfrac{3f'(3)+2}{\{f(3)+1\}^2}$

$\qquad=-\dfrac{3\times4+2}{(1+1)^2}$

$\qquad=-\dfrac{14}{4}=-\dfrac{7}{2}$

답 ②

6

$f(x)=\ln(e^x+e^{2x}+e^{3x})$으로 놓으면

$f(0)=\ln3$이므로

$\displaystyle\lim_{x\to0}\dfrac{1}{x}\ln\dfrac{e^x+e^{2x}+e^{3x}}{3}$

$=\displaystyle\lim_{x\to0}\dfrac{1}{x}\{\ln(e^x+e^{2x}+e^{3x})-\ln3\}$

$=\displaystyle\lim_{x\to0}\dfrac{f(x)-f(0)}{x}=f'(0)$

한편

$f'(x)=\dfrac{e^x+2e^{2x}+3e^{3x}}{e^x+e^{2x}+e^{3x}}$

따라서 구하는 값은 $f'(0)=\dfrac{1+2+3}{1+1+1}=\dfrac{6}{3}=2$

답 ②

7

역함수의 미분법에 의하여

$g'(1)=\dfrac{1}{f'(g(1))}$

$g(1)=k$라 하면 $f(k)=1$이므로

$\tan\dfrac{\pi}{2}k=1$에서 $k=\dfrac{1}{2}$ $(-1<k<1)$

$f(x)=\tan\dfrac{\pi}{2}x$에서 $f'(x)=\dfrac{\pi}{2}\sec^2\dfrac{\pi}{2}x$

이므로 $f'(g(1))=f'\left(\dfrac{1}{2}\right)=\dfrac{\pi}{2}\sec^2\dfrac{\pi}{4}=\pi$

따라서 $g'(1)=\dfrac{1}{\pi}$

답 ①

8

$f(x)=e^{3x-1}$으로 놓으면 $f'(x)=3e^{3x-1}$

접점의 좌표를 $(t,\,e^{3t-1})$이라 하면

점 $(t,\,e^{3t-1})$에서의 접선의 방정식은

$y-e^{3t-1}=3e^{3t-1}(x-t)$

$y=3e^{3t-1}x-e^{3t-1}(3t-1)$ $\qquad\cdots\cdots$ ㉠

이 직선이 점 $\left(\dfrac{1}{3},\,0\right)$을 지나므로

$0=3e^{3t-1}\times\dfrac{1}{3}-e^{3t-1}(3t-1)$

$e^{3t-1}(2-3t)=0$에서 $t=\dfrac{2}{3}$

㉠에 $t=\dfrac{2}{3}$를 대입하면 구하는 접선의 방정식은

$y=3ex-e$

이 직선의 x절편이 $\dfrac{1}{3}$, y절편이 $-e$이므로

구하는 삼각형의 넓이는 $\dfrac{1}{2}\times\dfrac{1}{3}\times e=\dfrac{e}{6}$

답 ⑤

9

$f(x)=\ln(1+x^2)\,(x>0)$으로 놓으면

$f'(x)=\dfrac{2x}{1+x^2}$

$f''(x)=\dfrac{2(1+x^2)-2x\times2x}{(1+x^2)^2}$

$\qquad=\dfrac{-2x^2+2}{(1+x^2)^2}=-\dfrac{2(x+1)(x-1)}{(1+x^2)^2}$

$f''(x)=0$에서 $x>0$이므로 $x=1$

$x=1$의 좌우에서 $f''(x)$의 부호가 $+$에서 $-$로 바뀌므로

곡선 $y=f(x)\,(x>0)$의 변곡점의 좌표는 $(1,\,\ln2)$

$f'(1)=1$이므로 구하는 접선의 방정식은

$y-\ln2=x-1$, $y=x-1+\ln2$

따라서 구하는 y절편은 $-1+\ln 2$

답 ②

10

$f(x)=6\ln x-\dfrac{a}{x}+ax$에서

$f'(x)=\dfrac{6}{x}+\dfrac{a}{x^2}+a=\dfrac{ax^2+6x+a}{x^2}$

$f'(x)=0$에서 $ax^2+6x+a=0$

$a=0$인 경우, 함수 $f(x)=6\ln x$는 극댓값과 극솟값을 모두 갖지 않으므로 $a\neq 0$

따라서 함수 $f(x)$가 극댓값과 극솟값을 모두 가지려면 x에 대한 이차방정식 $ax^2+6x+a=0$이 서로 다른 두 양의 실근을 가져야 한다.

(i) $\dfrac{D}{4}=9-a^2>0$

(ii) (두 근의 합)$=-\dfrac{6}{a}>0$

(iii) (두 근의 곱)$=1>0$

(i), (ii), (iii)에서 $-3<a<0$이므로 이를 만족시키는 정수 a는 -2, -1로 그 개수는 2이다.

답 ②

11

$f(x)=e^{-x}\sin x$에서

$f'(x)=-e^{-x}\sin x+e^{-x}\cos x$
$\qquad=e^{-x}(\cos x-\sin x)$

$f''(x)=-e^{-x}(\cos x-\sin x)+e^{-x}(-\sin x-\cos x)$
$\qquad=-2e^{-x}\cos x$

$f'(x)=0$에서 $e^{-x}>0$이므로

$\cos x-\sin x=0$, $x=\dfrac{\pi}{4}$ 또는 $x=\dfrac{5\pi}{4}$ ($0<x<2\pi$)

$f''\left(\dfrac{\pi}{4}\right)=-2e^{-\frac{\pi}{4}}\cos\dfrac{\pi}{4}=-\sqrt{2}e^{-\frac{\pi}{4}}<0$

$f''\left(\dfrac{5\pi}{4}\right)=-2e^{-\frac{5\pi}{4}}\cos\dfrac{5\pi}{4}=\sqrt{2}e^{-\frac{5\pi}{4}}>0$

따라서 함수 $f(x)$는 $x=\dfrac{\pi}{4}$에서 극대이고, $x=\dfrac{5\pi}{4}$에서 극소이다.

즉, $a=\dfrac{\pi}{4}$, $b=\dfrac{5\pi}{4}$이므로 $a-b=-\pi$

답 ①

12

$f(x)=\sqrt{x}-a\ln x$로 놓으면

$f'(x)=\dfrac{1}{2\sqrt{x}}-\dfrac{a}{x}=\dfrac{\sqrt{x}-2a}{2x}$

$f'(x)=0$에서 $x=4a^2$

함수 $f(x)$의 증가와 감소를 표로 나타내면 다음과 같다.

x	(0)	$\cdots$	$4a^2$	$\cdots$
$f'(x)$		$-$	0	$+$
$f(x)$		$\searrow$	$2a-a\ln 4a^2$	$\nearrow$

즉, 함수 $f(x)$는 $x=4a^2$에서 최솟값 $2a-a\ln 4a^2$을 가지므로 모든 양수 x에 대하여 주어진 부등식이 성립하려면 $2a-a\ln 4a^2\geq 0$이어야 한다.

$a>0$이므로 $2-\ln 4a^2\geq 0$

$\ln 4a^2\leq 2$, $\ln 4a^2\leq\ln e^2$

즉, $4a^2\leq e^2$에서 $-\dfrac{e}{2}\leq a\leq\dfrac{e}{2}$

따라서 양의 실수 a의 값의 범위는 $0<a\leq\dfrac{e}{2}$이므로 구하는 a의 최댓값은 $\dfrac{e}{2}$

답 ②

13

$x=t-\sin t$, $y=3+\cos t$에서

$\dfrac{dx}{dt}=1-\cos t$, $\dfrac{dy}{dt}=-\sin t$

이므로 점 P의 시각 t에서의 속력은

$\sqrt{(1-\cos t)^2+(-\sin t)^2}=\sqrt{1-2\cos t+\cos^2 t+\sin^2 t}$
$\qquad\qquad\qquad\qquad\qquad=\sqrt{2-2\cos t}$

이때 $f(t)=2-2\cos t$로 놓고 닫힌 구간 $\left[0,\dfrac{3\pi}{2}\right]$에서 함수 $f(t)$의 최댓값을 구하면,

(i) 구간의 양끝에서의 함숫값은

$\qquad f(0)=0$, $f\left(\dfrac{3\pi}{2}\right)=2$

(ii) $0<t<\dfrac{3\pi}{2}$에서 $f'(t)=2\sin t$이므로

$\qquad f'(t)=0$에서 $t=\pi$이고, $t=\pi$의 좌우에서 $f'(t)$의 부호가 $+$에서 $-$로 바뀌므로 함수 $f(t)$는 $t=\pi$에서 극댓값 $f(\pi)=4$를 가진다.

(i), (ii)에 의하여 닫힌 구간 $\left[0,\dfrac{3\pi}{2}\right]$에서 함수 $f(t)$의 최댓값은 4이다.

따라서 구하는 점 P의 속력의 최댓값은 $\sqrt{4}=2$

답 ③

서술형 문항

14

$f(x)=(ax^2+4)e^x$에서

$f'(x)=2axe^x+(ax^2+4)e^x=(ax^2+2ax+4)e^x$

함수 $f(x)$가 실수 전체의 집합에서 증가하려면 모든 실수 x에 대하여 $f'(x) \geq 0$이어야 한다.

즉, $e^x > 0$이므로 모든 실수 x에 대하여 $ax^2 + 2ax + 4 \geq 0$이어야 한다.

❷

(ⅰ) $a = 0$일 때, $4 \geq 0$이므로 성립한다.

(ⅱ) $a > 0$일 때, $\dfrac{D}{4} = a^2 - 4a \leq 0$에서

  $0 \leq a \leq 4$이므로 $0 < a \leq 4$

(ⅰ), (ⅱ)에 의하여 구하는 a의 값의 범위는 $0 \leq a \leq 4$

따라서 실수 a의 최댓값은 4

❸

답 4

단계	채점기준	비율
❶	도함수 $f'(x)$를 구한 경우	20%
❷	함수 $f(x)$가 실수 전체의 집합에서 증가하기 위한 조건을 구한 경우	30%
❸	실수 a의 최댓값을 구한 경우	50%

15

$x^2 = ke^x$에서 $\dfrac{x^2}{e^x} = k$

$f(x) = \dfrac{x^2}{e^x}$으로 놓으면 주어진 방정식의 서로 다른 실근의 개수는 함수 $y = f(x)$의 그래프와 직선 $y = k$의 교점의 개수와 같다.

❶

$f'(x) = \dfrac{2xe^x - x^2 e^x}{e^{2x}}$

$\quad = \dfrac{2x - x^2}{e^x}$

$\quad = -\dfrac{x(x-2)}{e^x}$

$f'(x) = 0$에서 $x = 0$ 또는 $x = 2$

함수 $f(x)$의 증가와 감소를 표로 나타내면 다음과 같다.

x	$\cdots$	0	$\cdots$	2	$\cdots$
$f'(x)$	$-$	0	$+$	0	$-$
$f(x)$	$\searrow$	0	$\nearrow$	$\dfrac{4}{e^2}$	$\searrow$

$\displaystyle\lim_{x \to \infty} f(x) = \infty$, $\displaystyle\lim_{x \to -\infty} f(x) = 0$이므로 함수 $y = f(x)$의 그래프와 직선 $y = k$는 그림과 같다.

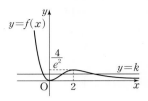

❷

따라서 주어진 방정식의 서로 다른 실근의 개수가 2 이상이 되도록 하는 실수 k의 값의 범위는

$0 < k \leq \dfrac{4}{e^2}$

따라서 실수 k의 최댓값이 $\dfrac{4}{e^2}$이므로 $n = 4$

❸

답 4

단계	채점기준	비율
❶	$f(x) = \dfrac{x^2}{e^x}$으로 놓은 경우	20%
❷	함수 $y = f(x)$의 그래프를 그린 경우	50%
❸	자연수 n의 값을 구한 경우	30%

수능 맛보기

본문 53쪽

1

$g(x) = f(x) + (8-x)\ln(8-x)$에서

$g'(x) = f'(x) - \ln(8-x) + (8-x) \times \left(-\dfrac{1}{8-x}\right)$

$\quad = \ln(x^2 - 4x + 10) + 1 - \ln(8-x) - 1$

$\quad = \ln(x^2 - 4x + 10) - \ln(8-x)$

$g'(x) = 0$에서

$\ln(x^2 - 4x + 10) - \ln(8-x) = 0$

$\ln(x^2 - 4x + 10) = \ln(8-x)$

$x^2 - 4x + 10 = 8 - x$, $x^2 - 3x + 2 = 0$

$(x-1)(x-2) = 0$에서 $x = 1$ 또는 $x = 2$

$g''(x) = \dfrac{2x-4}{x^2-4x+10} + \dfrac{1}{8-x}$이므로

$g''(1) = -\dfrac{1}{7} < 0$, $g''(2) = \dfrac{1}{6} > 0$

따라서 함수 $g(x)$는 $x = 1$에서 극대이고, $x = 2$에서 극소이다.

즉, $a = 1$, $b = 2$이므로 $\dfrac{a}{b} = \dfrac{1}{2}$

답 ②

2

ㄱ. $n=1$일 때, $f(x)=xe^{-x}$에서

$f'(x)=e^{-x}-xe^{-x}=e^{-x}(1-x)$

$f'(x)=0$에서 $x=1$

함수 $f(x)$의 증가와 감소를 표로 나타내면 다음과 같다.

x	$\cdots$	1	$\cdots$
$f'(x)$	$+$	0	$-$
$f(x)$	$\nearrow$	$\dfrac{1}{e}$	$\searrow$

즉, 함수 $f(x)$는 $x=1$에서 극대이고 최댓값 $f(1)=\dfrac{1}{e}$

을 가진다. (참)

ㄴ. $f'(x)=nx^{n-1}e^{-x}-x^ne^{-x}=x^{n-1}e^{-x}(n-x)$

$f'(x)=0$에서 $x=0$ 또는 $x=n$

n이 3 이상의 홀수이면 $n-1$은 짝수이고 $e^{-x}>0$이므로 함수 $f(x)$의 증가와 감소를 표로 나타내면 다음과 같다.

x	$\cdots$	0	$\cdots$	n	$\cdots$
$f'(x)$	$+$	0	$+$	0	$-$
$f(x)$	$\nearrow$	0	$\nearrow$	$\dfrac{n^n}{e^n}$	$\searrow$

즉, 함수 $f(x)$는 $x=n$에서 극대이고 최댓값 $f(n)=\dfrac{n^n}{e^n}$

을 가진다. (참)

ㄷ. $f'(x)=nx^{n-1}e^{-x}-x^ne^{-x}=x^{n-1}e^{-x}(n-x)$

$f'(x)=0$에서 $x=0$ 또는 $x=n$

n이 짝수이면 $n-1$은 홀수이고 $e^{-x}>0$이므로 함수 $f(x)$의 증가와 감소를 표로 나타내면 다음과 같다.

x	$\cdots$	0	$\cdots$	n	$\cdots$
$f'(x)$	$-$	0	$+$	0	$-$
$f(x)$	$\searrow$	0	$\nearrow$	$\dfrac{n^n}{e^n}$	$\searrow$

즉, 함수 $f(x)$는 $x=0$에서 극솟값 0을 가진다. 이때 모든 양수 x에 대하여 $f(x)>0$이므로 함수 $f(x)$는 $x=0$에서 최솟값 0을 가진다. (참)

답 ⑤

Ⅲ. 적분법

01 부정적분

유제

본문 54~58쪽

1 (1) $\displaystyle\int \frac{x-1}{\sqrt{x}+1}dx=\int \frac{(\sqrt{x}+1)(\sqrt{x}-1)}{\sqrt{x}+1}dx$

$\displaystyle\qquad =\int (\sqrt{x}-1)dx=\int (x^{\frac{1}{2}}-1)dx$

$\displaystyle\qquad =\int x^{\frac{1}{2}}dx-\int 1\,dx=\frac{2}{3}x^{\frac{3}{2}}-x+C$

$\displaystyle\qquad =\frac{2}{3}x\sqrt{x}-x+C$ (단, C는 적분상수)

(2) $\displaystyle\int \frac{(\sqrt{x}-2)^2}{x}dx=\int \frac{x-4\sqrt{x}+4}{x}dx$

$\displaystyle\qquad =\int \left(1-\frac{4}{\sqrt{x}}+\frac{4}{x}\right)dx$

$\displaystyle\qquad =\int 1\,dx-4\int x^{-\frac{1}{2}}dx+4\int \frac{1}{x}dx$

$\displaystyle\qquad =x-8x^{\frac{1}{2}}+4\ln|x|+C$

$\displaystyle\qquad =x-8\sqrt{x}+4\ln|x|+C$

$\qquad\qquad\qquad\qquad$ (단, C는 적분상수)

답 (1) $\dfrac{2}{3}x\sqrt{x}-x+C$ (단, C는 적분상수)

$\quad$ (2) $x-8\sqrt{x}+4\ln|x|+C$ (단, C는 적분상수)

2 (1) $\displaystyle\int (2^{x+1}-1)^2dx=\int (2^{2x+2}-2\times 2^{x+1}+1)dx$

$\displaystyle\qquad =\int (4\times 4^x-4\times 2^x+1)dx$

$\displaystyle\qquad =\frac{4}{\ln 4}4^x-\frac{4}{\ln 2}2^x+x+C$

$\displaystyle\qquad =\frac{2}{\ln 2}4^x-\frac{4}{\ln 2}2^x+x+C$

$\qquad\qquad\qquad\qquad$ (단, C는 적분상수)

(2) $\displaystyle\int \frac{\sin^2 x}{1+\cos x}dx=\int \frac{1-\cos^2 x}{1+\cos x}dx$

$\displaystyle\qquad =\int \frac{(1+\cos x)(1-\cos x)}{1+\cos x}dx$

$\displaystyle\qquad =\int (1-\cos x)dx$

$\displaystyle\qquad =x-\sin x+C$ (단, C는 적분상수)

답 (1) $\dfrac{2}{\ln 2}4^x-\dfrac{4}{\ln 2}2^x+x+C$ (단, C는 적분상수)

$\quad$ (2) $x-\sin x+C$ (단, C는 적분상수)

3 $f'(x)=\sec x(\sec x+\tan x)$에서

$f(x)=\displaystyle\int \sec x(\sec x+\tan x)dx$

$\qquad =\displaystyle\int (\sec^2 x+\sec x\tan x)dx$

$\qquad =\tan x+\sec x+C$ (단, C는 적분상수)

$f\left(\dfrac{\pi}{3}\right)=\sqrt{3}+3$에서

$\tan\dfrac{\pi}{3}+\sec\dfrac{\pi}{3}+C=\sqrt{3}+3$

$\sqrt{3}+2+C=\sqrt{3}+3,\ C=1$

따라서 $f(x)=\tan x+\sec x+1$이므로

$f\left(\dfrac{\pi}{6}\right)=\tan\dfrac{\pi}{6}+\sec\dfrac{\pi}{6}+1$

$\qquad =\dfrac{\sqrt{3}}{3}+\dfrac{2\sqrt{3}}{3}+1=\sqrt{3}+1$

📖 $\sqrt{3}+1$

4 (1) $\ln x=t$로 놓으면 $\dfrac{dt}{dx}=\dfrac{1}{x}$이므로

$\displaystyle\int\dfrac{(\ln x)^2}{x}dx=\int t^2 dt=\dfrac{1}{3}t^3+C$

$\qquad\qquad =\dfrac{1}{3}(\ln x)^3+C$ (단, C는 적분상수)

(2) $2x+3=t$로 놓으면 $\dfrac{dt}{dx}=2$이므로

$\displaystyle\int (2x+3)^4 dx=\dfrac{1}{2}\int (2x+3)^4\times 2\,dx$

$\qquad =\dfrac{1}{2}\displaystyle\int t^4 dt=\dfrac{1}{10}t^5+C$

$\qquad =\dfrac{1}{10}(2x+3)^5+C$ (단, C는 적분상수)

(3) $f(x)=\cos x$라 하면 $f'(x)=-\sin x$이므로

$\displaystyle\int\tan x\,dx=\int\dfrac{\sin x}{\cos x}dx=-\int\dfrac{f'(x)}{f(x)}dx$

$\qquad =-\ln|f(x)|+C=-\ln|\cos x|+C$

(단, C는 적분상수)

📖 (1) $\dfrac{1}{3}(\ln x)^3+C$ (단, C는 적분상수)

(2) $\dfrac{1}{10}(2x+3)^5+C$ (단, C는 적분상수)

(3) $-\ln|\cos x|+C$ (단, C는 적분상수)

5 $f'(x)=\sin^3 x=\sin^2 x\sin x=(1-\cos^2 x)\sin x$에서

$f(x)=\displaystyle\int (1-\cos^2 x)\sin x\,dx$

$\cos x=t$로 놓으면 $\dfrac{dt}{dx}=-\sin x$이므로

$f(x)=\displaystyle\int (1-\cos^2 x)\sin x\,dx=-\int (1-t^2)dt$

$\qquad =-t+\dfrac{1}{3}t^3+C$

$\qquad =-\cos x+\dfrac{1}{3}\cos^3 x+C$ (단, C는 적분상수)

$f\left(\dfrac{\pi}{2}\right)=1$에서 $C=1$

따라서 $f(x)=-\cos x+\dfrac{1}{3}\cos^3 x+1$이므로

$f(2\pi)=-1+\dfrac{1}{3}+1=\dfrac{1}{3}$

📖 $\dfrac{1}{3}$

6 (1) $3-x=t$, 즉 $x=3-t$로 놓으면 $\dfrac{dx}{dt}=-1$이므로

$\displaystyle\int (x+2)\sqrt{3-x}\,dx$

$=\displaystyle\int (5-t)\sqrt{t}\times(-1)dt=\int(-5t^{\frac{1}{2}}+t^{\frac{3}{2}})dt$

$=-\dfrac{10}{3}t^{\frac{3}{2}}+\dfrac{2}{5}t^{\frac{5}{2}}+C$

$=-\dfrac{10}{3}(3-x)\sqrt{3-x}+\dfrac{2}{5}(3-x)^2\sqrt{3-x}+C$

(단, C는 적분상수)

(2) $2x+1=t$, 즉 $x=\dfrac{1}{2}t-\dfrac{1}{2}$로 놓으면 $\dfrac{dx}{dt}=\dfrac{1}{2}$이므로

$\displaystyle\int\dfrac{4x}{\sqrt{2x+1}}dx$

$=\displaystyle\int\dfrac{2t-2}{\sqrt{t}}\times\dfrac{1}{2}\,dt=\int\left(\sqrt{t}-\dfrac{1}{\sqrt{t}}\right)dt$

$=\displaystyle\int (t^{\frac{1}{2}}-t^{-\frac{1}{2}})dt=\dfrac{2}{3}t^{\frac{3}{2}}-2t^{\frac{1}{2}}+C$

$=\dfrac{2}{3}(2x+1)\sqrt{2x+1}-2\sqrt{2x+1}+C$ (단, C는 적분상수)

📖 (1) $-\dfrac{10}{3}(3-x)\sqrt{3-x}+\dfrac{2}{5}(3-x)^2\sqrt{3-x}+C$

(단, C는 적분상수)

(2) $\dfrac{2}{3}(2x+1)\sqrt{2x+1}-2\sqrt{2x+1}+C$ (단, C는 적분상수)

7 $f'(x)=e^x\sqrt{e^x+1}$에서 $f(x)=\displaystyle\int e^x\sqrt{e^x+1}\,dx$

$e^x+1=t$, 즉 $x=\ln(t-1)$로 놓으면 $\dfrac{dx}{dt}=\dfrac{1}{t-1}$이므로

$f(x)=\displaystyle\int e^x\sqrt{e^x+1}\,dx=\int (t-1)\sqrt{t}\times\dfrac{1}{t-1}\,dt$

$\qquad =\displaystyle\int t^{\frac{1}{2}}dt=\dfrac{2}{3}t^{\frac{3}{2}}+C$

$\qquad =\dfrac{2}{3}(e^x+1)\sqrt{e^x+1}+C$ (단, C는 적분상수)

$f(1)=\dfrac{2}{3}(e+1)\sqrt{e+1}+C$, $f(0)=\dfrac{2}{3}\times2\times\sqrt{2}+C$이므로

$f(1)-f(0)=\dfrac{2}{3}(e+1)\sqrt{e+1}-\dfrac{4}{3}\sqrt{2}$

따라서 $p=\dfrac{2}{3}$, $q=-\dfrac{4}{3}$이므로 $p-q=\dfrac{2}{3}-\left(-\dfrac{4}{3}\right)=2$

답 2

[다른 풀이]

$f'(x)=e^x\sqrt{e^x+1}$에서 $f(x)=\displaystyle\int e^x\sqrt{e^x+1}\,dx$

$\sqrt{e^x+1}=t$, 즉 $x=\ln(t^2-1)$ $(t>1)$로 놓으면

$\dfrac{dx}{dt}=\dfrac{2t}{t^2-1}$이므로

$f(x)=\displaystyle\int e^x\sqrt{e^x+1}\,dx=\int(t^2-1)t\times\dfrac{2t}{t^2-1}\,dt$

$\qquad=\displaystyle\int 2t^2\,dt=\dfrac{2}{3}t^3+C$

$\qquad=\dfrac{2}{3}(e^x+1)\sqrt{e^x+1}+C$ (단, C는 적분상수)

$f(1)=\dfrac{2}{3}(e+1)\sqrt{e+1}+C$, $f(0)=\dfrac{2}{3}\times2\times\sqrt{2}+C$이므로

$f(1)-f(0)=\dfrac{2}{3}(e+1)\sqrt{e+1}-\dfrac{4}{3}\sqrt{2}$

따라서 $p=\dfrac{2}{3}$, $q=-\dfrac{4}{3}$이므로 $p-q=\dfrac{2}{3}-\left(-\dfrac{4}{3}\right)=2$

8 (1) $f(x)=\ln x$, $g'(x)=x$로 놓으면

$f'(x)=\dfrac{1}{x}$, $g(x)=\dfrac{1}{2}x^2$이므로 부분적분법에 의하여

$\displaystyle\int x\ln x\,dx=(\ln x)\times\dfrac{1}{2}x^2-\int\dfrac{1}{x}\times\dfrac{1}{2}x^2\,dx$

$\qquad=\dfrac{1}{2}x^2\ln x-\dfrac{1}{2}\displaystyle\int x\,dx$

$\qquad=\dfrac{1}{2}x^2\ln x-\dfrac{1}{4}x^2+C$ (단, C는 적분상수)

(2) $f(x)=3x-1$, $g'(x)=\sec^2 x$로 놓으면

$f'(x)=3$, $g(x)=\tan x$이므로 부분적분법에 의하여

$\displaystyle\int(3x-1)\sec^2 x\,dx$

$\qquad=(3x-1)\tan x-\displaystyle\int 3\tan x\,dx$

$\qquad=(3x-1)\tan x-3\displaystyle\int\dfrac{\sin x}{\cos x}\,dx$

$\qquad=(3x-1)\tan x+3\displaystyle\int\dfrac{(\cos x)'}{\cos x}\,dx$

$\qquad=(3x-1)\tan x+3\ln|\cos x|+C$ (단, C는 적분상수)

답 (1) $\dfrac{1}{2}x^2\ln x-\dfrac{1}{4}x^2+C$ (단, C는 적분상수)

(2) $(3x-1)\tan x+3\ln|\cos x|+C$

(단, C는 적분상수)

9 $f'(x)=(\ln x)^2$이므로 $f(x)=\displaystyle\int(\ln x)^2\,dx$

$g(x)=(\ln x)^2$, $h'(x)=1$로 놓으면

$g'(x)=\dfrac{2\ln x}{x}$, $h(x)=x$이므로 부분적분법에 의하여

$f(x)=\displaystyle\int(\ln x)^2\,dx=(\ln x)^2\times x-\int\dfrac{2\ln x}{x}\times x\,dx$

$\qquad=x(\ln x)^2-2\displaystyle\int\ln x\,dx$

$\qquad=x(\ln x)^2-2\left\{(\ln x)\times x-\displaystyle\int\dfrac{1}{x}\times x\,dx\right\}$

$\qquad=x(\ln x)^2-2x\ln x+2x+C$ (단, C는 적분상수)

곡선 $y=f(x)$가 점 $(1,3)$을 지나므로

$f(1)=3$에서 $2+C=3$, $C=1$

따라서 $f(x)=x(\ln x)^2-2x\ln x+2x+1$이므로

$f(e)=e-2e+2e+1=e+1$

답 $e+1$

기본 핵심 문제   본문 59쪽

1 ⑤   **2** ②   **3** ④   **4** ③   **5** ②

1

$f'(x)=\dfrac{(x+1)^2}{x^2}$에서 $f(x)=\displaystyle\int\dfrac{(x+1)^2}{x^2}\,dx$

$f(x)=\displaystyle\int\dfrac{(x+1)^2}{x^2}\,dx$

$\qquad=\displaystyle\int\dfrac{x^2+2x+1}{x^2}\,dx$

$\qquad=\displaystyle\int\left(1+\dfrac{2}{x}+\dfrac{1}{x^2}\right)dx$

$\qquad=\displaystyle\int 1\,dx+2\int\dfrac{1}{x}\,dx+\int\dfrac{1}{x^2}\,dx$

$\qquad=x+2\ln|x|-\dfrac{1}{x}+C$ (단, C는 적분상수)

따라서

$f(e)-f(1)=\left(e+2\ln e-\dfrac{1}{e}+C\right)-\left(1+2\ln 1-1+C\right)$

$\qquad=e-\dfrac{1}{e}+2$

답 ⑤

2

$f'(x)=\dfrac{\sin^3 x+2}{\sin^2 x}$에서 $f(x)=\displaystyle\int \dfrac{\sin^3 x+2}{\sin^2 x}dx$

$f(x)=\displaystyle\int \dfrac{\sin^3 x+2}{\sin^2 x}dx=\int (\sin x+2\csc^2 x)dx$

$\qquad =\displaystyle\int \sin x\,dx+2\int \csc^2 x\,dx$

$\qquad =-\cos x-2\cot x+C$ (단, C는 적분상수)

$f\left(\dfrac{\pi}{4}\right)=1-\dfrac{\sqrt2}{2}$에서 $-\cos\dfrac{\pi}{4}-2\cot\dfrac{\pi}{4}+C=1-\dfrac{\sqrt2}{2}$

$-\dfrac{\sqrt2}{2}-2+C=1-\dfrac{\sqrt2}{2}$, $C=3$

따라서 $f(x)=-\cos x-2\cot x+3$이므로

$f\left(\dfrac{\pi}{3}\right)=-\cos\dfrac{\pi}{3}-2\cot\dfrac{\pi}{3}+3$

$\qquad =-\dfrac{1}{2}-2\times\dfrac{1}{\sqrt3}+3=\dfrac{5}{2}-\dfrac{2\sqrt3}{3}$

답 ②

3

$16-x^2=t$로 놓으면 $\dfrac{dt}{dx}=-2x$이므로

$f(x)=\displaystyle\int x\sqrt{16-x^2}\,dx=-\dfrac{1}{2}\int \sqrt{16-x^2}\times(-2x)dx$

$\qquad =-\dfrac{1}{2}\displaystyle\int \sqrt{t}\,dt=-\dfrac{1}{2}\int t^{\frac{1}{2}}dt=-\dfrac{1}{3}t^{\frac{3}{2}}+C$

$\qquad =-\dfrac{1}{3}(16-x^2)\sqrt{16-x^2}+C$ (단, C는 적분상수)

$f(0)=0$에서 $-\dfrac{1}{3}\times16\times\sqrt{16}+C=0$, $C=\dfrac{64}{3}$

따라서 $f(x)=-\dfrac{1}{3}(16-x^2)\sqrt{16-x^2}+\dfrac{64}{3}$이므로

$f(1)=-\dfrac{1}{3}\times15\sqrt{15}+\dfrac{64}{3}=-5\sqrt{15}+\dfrac{64}{3}$

답 ④

4

$f'(x)=\dfrac{x-2}{(x+1)^3}$에서 $f(x)=\displaystyle\int \dfrac{x-2}{(x+1)^3}dx$

$x+1=t$, 즉 $x=t-1$로 놓으면 $\dfrac{dx}{dt}=1$이므로

$f(x)=\displaystyle\int \dfrac{x-2}{(x+1)^3}dx=\int \dfrac{t-3}{t^3}\times1\,dt=\int\left(\dfrac{1}{t^2}-\dfrac{3}{t^3}\right)dt$

$\qquad =-\dfrac{1}{t}+\dfrac{3}{2t^2}+C$

$\qquad =-\dfrac{1}{x+1}+\dfrac{3}{2(x+1)^2}+C$ (단, C는 적분상수)

$f(0)=\dfrac{3}{2}$에서 $-1+\dfrac{3}{2}+C=\dfrac{3}{2}$, $C=1$

따라서 $f(x)=\dfrac{3}{2(x+1)^2}-\dfrac{1}{x+1}+1$

$f'(x)=0$에서 $x=2$

함수 $f(x)$의 증가와 감소를 표로 나타내면 다음과 같다.

x	$\cdots$	(-1)	$\cdots$	2	$\cdots$
$f'(x)$	$+$		$-$	0	$+$
$f(x)$	↗		↘	$\dfrac{5}{6}$	↗

이때, $\displaystyle\lim_{x\to-\infty}f(x)=1$이므로 $f(x)$의 최솟값은 $\dfrac{5}{6}$이다.

답 ③

5

$f'(x)=x\cos x$에서 $f(x)=\displaystyle\int x\cos x\,dx$

$g(x)=x$, $h'(x)=\cos x$로 놓으면

$g'(x)=1$, $h(x)=\sin x$이므로 부분적분법에 의하여

$f(x)=\displaystyle\int x\cos x\,dx=x\sin x-\int \sin x\,dx$

$\qquad =x\sin x+\cos x+C$ (단, C는 적분상수)

곡선 $y=f(x)$가 x축과 점 $(\pi, 0)$에서 만나므로

$f(\pi)=0$에서 $\pi\sin\pi+\cos\pi+C=0$

$-1+C=0$, $C=1$

즉, $f(x)=x\sin x+\cos x+1$이므로 $f(2\pi)=2$

따라서 곡선 $y=f(x)$ 위의 점 $(2\pi, 2)$에서의 접선의 방정식은

$y-2=f'(2\pi)(x-2\pi)$, $y-2=2\pi(x-2\pi)$

즉, $y=2\pi x+2-4\pi^2$이므로 구하는 y절편은 $2-4\pi^2$

답 ②

02 정적분

 유제

본문 60~62쪽

1 (1) $\displaystyle\int_0^1 \dfrac{x+1}{\sqrt[3]{x}+1}dx=\int_0^1 \dfrac{(\sqrt[3]{x}+1)\{(\sqrt[3]{x})^2-\sqrt[3]{x}+1\}}{\sqrt[3]{x}+1}dx$

$\qquad =\displaystyle\int_0^1 \{(\sqrt[3]{x})^2-\sqrt[3]{x}+1\}dx$

$\qquad =\displaystyle\int_0^1 (x^{\frac{2}{3}}-x^{\frac{1}{3}}+1)dx$

$\qquad =\left[\dfrac{3}{5}x^{\frac{5}{3}}-\dfrac{3}{4}x^{\frac{4}{3}}+x\right]_0^1$

$\qquad =\dfrac{3}{5}-\dfrac{3}{4}+1=\dfrac{17}{20}$

(2) $\displaystyle\int_0^{\frac{\pi}{3}} (\sin x+\sec^2 x)dx=\Big[-\cos x+\tan x\Big]_0^{\frac{\pi}{3}}$

$\qquad\qquad\qquad\qquad =\Big(-\dfrac{1}{2}+\sqrt{3}\Big)-(-1+0)$

$\qquad\qquad\qquad\qquad =\dfrac{1}{2}+\sqrt{3}$

$\qquad\qquad\qquad$ 🖪 (1) $\dfrac{17}{20}$ (2) $\dfrac{1}{2}+\sqrt{3}$

2 $\displaystyle\int_0^1 (1+\sqrt{x})^2 dx-\int_4^1 (1+\sqrt{x})^2 dx$

$\quad =\displaystyle\int_0^1 (1+\sqrt{x})^2 dx+\int_1^4 (1+\sqrt{x})^2 dx$

$\quad =\displaystyle\int_0^4 (1+\sqrt{x})^2 dx=\int_0^4 (1+2\sqrt{x}+x)dx$

$\quad =\displaystyle\int_0^4 (1+2x^{\frac{1}{2}}+x)dx$

$\quad =\Big[x+\dfrac{4}{3}x^{\frac{3}{2}}+\dfrac{1}{2}x^2\Big]_0^4=4+\dfrac{32}{3}+8=\dfrac{68}{3}$

$\qquad\qquad\qquad\qquad\qquad\qquad$ 🖪 $\dfrac{68}{3}$

3 (1) $\tan x=t$로 놓으면 $\dfrac{dt}{dx}=\sec^2 x$이고

$\quad x=\dfrac{\pi}{6}$일 때 $t=\dfrac{\sqrt{3}}{3}$, $x=\dfrac{\pi}{3}$일 때 $t=\sqrt{3}$이므로

$\qquad\displaystyle\int_{\frac{\pi}{6}}^{\frac{\pi}{3}} \tan x\sec^2 x\,dx$

$\qquad =\displaystyle\int_{\frac{\sqrt{3}}{3}}^{\sqrt{3}} t\,dt=\Big[\dfrac{1}{2}t^2\Big]_{\frac{\sqrt{3}}{3}}^{\sqrt{3}}=\dfrac{3}{2}-\dfrac{1}{6}=\dfrac{4}{3}$

[다른 풀이]

$\tan x\sec^2 x=(\sec x)\times(\sec x\tan x)$에서

$\sec x=t$로 놓으면 $\dfrac{dt}{dx}=\sec x\tan x$이고

$x=\dfrac{\pi}{6}$일 때 $t=\dfrac{2\sqrt{3}}{3}$, $x=\dfrac{\pi}{3}$일 때 $t=2$이므로

$\qquad\displaystyle\int_{\frac{\pi}{6}}^{\frac{\pi}{3}} \tan x\sec^2 x\,dx$

$\qquad =\displaystyle\int_{\frac{2\sqrt{3}}{3}}^{2} t\,dt=\Big[\dfrac{1}{2}t^2\Big]_{\frac{2\sqrt{3}}{3}}^{2}=2-\dfrac{2}{3}=\dfrac{4}{3}$

(2) $2x-3=t$, 즉 $x=\dfrac{1}{2}t+\dfrac{3}{2}$으로 놓으면 $\dfrac{dx}{dt}=\dfrac{1}{2}$이고

$\quad x=1$일 때 $t=-1$, $x=2$일 때 $t=1$이므로

$\qquad\displaystyle\int_1^2 (2x-3)^4 dx=\int_{-1}^1 t^4\times\dfrac{1}{2}\,dt=\dfrac{1}{2}\int_{-1}^1 t^4\,dt$

$\qquad\qquad\qquad\qquad =\displaystyle\int_0^1 t^4\,dt=\Big[\dfrac{1}{5}t^5\Big]_0^1=\dfrac{1}{5}$

$\qquad\qquad\qquad\qquad$ 🖪 (1) $\dfrac{4}{3}$ (2) $\dfrac{1}{5}$

4 $f(x)=x^2+2x+5$라 하면 $f'(x)=2x+2$이므로

$\displaystyle\int_{-1}^1 \dfrac{2x+2}{x^2+2x+5}dx=\int_{-1}^1 \dfrac{f'(x)}{f(x)}dx=\Big[\ln|f(x)|\Big]_{-1}^1$

$\qquad\qquad\qquad =\Big[\ln|x^2+2x+5|\Big]_{-1}^1$

$\qquad\qquad\qquad =\ln 8-\ln 4=\ln 2$

$\qquad\qquad\qquad\qquad\qquad\qquad$ 🖪 $\ln 2$

5 (1) $f(x)=x$, $g'(x)=e^{3x}$으로 놓으면

$\quad f'(x)=1$, $g(x)=\dfrac{e^{3x}}{3}$이므로 부분적분법에 의하여

$\qquad\displaystyle\int_0^1 xe^{3x}dx=\Big[\dfrac{xe^{3x}}{3}\Big]_0^1-\int_0^1 \dfrac{e^{3x}}{3}dx$

$\qquad\qquad =\dfrac{e^3}{3}-\Big[\dfrac{e^{3x}}{9}\Big]_0^1=\dfrac{e^3}{3}-\Big(\dfrac{e^3}{9}-\dfrac{1}{9}\Big)=\dfrac{2e^3}{9}+\dfrac{1}{9}$

(2) $f(x)=x+1$, $g'(x)=\sec^2 x$로 놓으면

$\quad f'(x)=1$, $g(x)=\tan x$이므로 부분적분법에 의하여

$\qquad\displaystyle\int_0^{\frac{\pi}{4}} (x+1)\sec^2 x\,dx$

$\qquad =\Big[(x+1)\tan x\Big]_0^{\frac{\pi}{4}}-\int_0^{\frac{\pi}{4}} \tan x\,dx$

$\qquad =\dfrac{\pi}{4}+1-\displaystyle\int_0^{\frac{\pi}{4}} \tan x\,dx$

$\qquad =\dfrac{\pi}{4}+1-\displaystyle\int_0^{\frac{\pi}{4}} \dfrac{\sin x}{\cos x}\,dx$

$\qquad =\dfrac{\pi}{4}+1+\Big[\ln|\cos x|\Big]_0^{\frac{\pi}{4}}$

$\qquad =\dfrac{\pi}{4}+1+\Big(\ln\dfrac{\sqrt{2}}{2}-\ln 1\Big)$

$\qquad =\dfrac{\pi}{4}+\ln\dfrac{\sqrt{2}}{2}+1$

$\qquad\qquad\qquad$ 🖪 (1) $\dfrac{2e^3}{9}+\dfrac{1}{9}$ (2) $\dfrac{\pi}{4}+\ln\dfrac{\sqrt{2}}{2}+1$

기본 핵심 문제　　　　　　　　본문 63쪽

1 ①	2 ⑤	3 ③	4 ⑤	5 ④

1

$e^x-1=0$에서 $x=0$이고

$x\geq 0$일 때 $e^x-1\geq 0$, $x\leq 0$일 때 $e^x-1\leq 0$이므로

$$\int_{-1}^{1} |e^x-1|\,dx = \int_{-1}^{0} |e^x-1|\,dx + \int_{0}^{1} |e^x-1|\,dx$$
$$= \int_{-1}^{0} -(e^x-1)\,dx + \int_{0}^{1} (e^x-1)\,dx$$
$$= \Big[-e^x+x\Big]_{-1}^{0} + \Big[e^x-x\Big]_{0}^{1}$$
$$= \frac{1}{e} + (e-2)$$
$$= e + \frac{1}{e} - 2$$

답 ①

2

$$\int_{-\frac{\pi}{2}}^{\frac{\pi}{2}} (\cos x - x\cos x)\,dx$$
$$= \int_{-\frac{\pi}{2}}^{\frac{\pi}{2}} \cos x\,dx - \int_{-\frac{\pi}{2}}^{\frac{\pi}{2}} x\cos x\,dx$$

$f(x)=x\cos x$로 놓으면

$f(-x)=-x\cos(-x)=-x\cos x=-f(x)$이므로

$$\int_{-\frac{\pi}{2}}^{\frac{\pi}{2}} x\cos x\,dx=0$$

따라서 구하는 값은

$$\int_{-\frac{\pi}{2}}^{\frac{\pi}{2}} \cos x\,dx = 2\int_{0}^{\frac{\pi}{2}} \cos x\,dx = 2\Big[\sin x\Big]_{0}^{\frac{\pi}{2}} = 2$$

답 ⑤

3

$$f(x)=\int_{0}^{\ln 2}\left(x^2-2x+\frac{e^t}{e^t+1}\right)dt$$
$$= \int_{0}^{\ln 2}(x^2-2x)\,dt + \int_{0}^{\ln 2}\frac{e^t}{e^t+1}\,dt$$
$$= (x^2-2x)\ln 2 + \int_{0}^{\ln 2}\frac{e^t}{e^t+1}\,dt \qquad \cdots\cdots ㉠$$
$$\int_{0}^{\ln 2}\frac{e^t}{e^t+1}\,dt = \int_{0}^{\ln 2}\frac{(e^t+1)'}{e^t+1}\,dt = \Big[\ln|e^t+1|\Big]_{0}^{\ln 2}$$
$$= \ln 3 - \ln 2$$

따라서 ㉠에서 $f(x)=(x^2-2x)\ln 2 + \ln 3 - \ln 2$이므로

$f(1)=-\ln 2+\ln 3-\ln 2$
$\qquad = \ln 3 - 2\ln 2 = \ln\frac{3}{4}$

답 ③

4

$\sqrt{x}=t$, 즉 $x=t^2\ (t>0)$으로 놓으면 $\frac{dx}{dt}=2t$이고

$x=1$일 때 $t=1$, $x=9$일 때 $t=3$이므로

$$\int_{1}^{9}\frac{f(\sqrt{x})}{\sqrt{x}}\,dx = \int_{1}^{3}\frac{f(t)}{t}\times 2t\,dt = 2\int_{1}^{3}f(t)\,dt = 4$$

답 ⑤

5

$f(x)=e^x$, $g'(x)=\sin x$로 놓으면

$f'(x)=e^x$, $g(x)=-\cos x$이므로 부분적분법에 의하여

$$\int_{0}^{\pi} e^x\sin x\,dx = \Big[-e^x\cos x\Big]_{0}^{\pi} + \int_{0}^{\pi} e^x\cos x\,dx$$
$$= e^\pi+1 + \int_{0}^{\pi} e^x\cos x\,dx \qquad \cdots\cdots ㉠$$

이때 $\int_{0}^{\pi} e^x\cos x\,dx$에서 부분적분법을 한 번 더 적용하면

$$\int_{0}^{\pi} e^x\cos x\,dx = \Big[e^x\sin x\Big]_{0}^{\pi} - \int_{0}^{\pi} e^x\sin x\,dx$$
$$= -\int_{0}^{\pi} e^x\sin x\,dx$$

따라서 ㉠에서 $\int_{0}^{\pi} e^x\sin x\,dx = e^\pi+1 - \int_{0}^{\pi} e^x\sin x\,dx$이므로

$$\int_{0}^{\pi} e^x\sin x\,dx = \frac{e^\pi+1}{2}$$

답 ④

03 정적분의 활용

본문 64~66쪽

1

(1) $\Delta x = \frac{1-0}{n} = \frac{1}{n}$, $x_k = 0+k\Delta x = \frac{k}{n}$,

$f(x)=-x^3$으로 놓으면 $f(x_k)=-\left(\frac{k}{n}\right)^3$이므로

$$\int_{0}^{1}(-x^3)\,dx = \lim_{n\to\infty}\sum_{k=1}^{n}f(x_k)\Delta x$$
$$= \lim_{n\to\infty}\sum_{k=1}^{n}-\left(\frac{k}{n}\right)^3\times\frac{1}{n} = \lim_{n\to\infty}\sum_{k=1}^{n}\left(-\frac{k^3}{n^4}\right)$$
$$= -\lim_{n\to\infty}\frac{1}{n^4}\sum_{k=1}^{n}k^3 = -\lim_{n\to\infty}\frac{1}{n^4}\left\{\frac{n(n+1)}{2}\right\}^2$$
$$= -\frac{1}{4}$$

(2) $\Delta x = \frac{3-1}{n} = \frac{2}{n}$, $x_k = 1+k\Delta x = 1+\frac{2k}{n}$,

$f(x)=x(x-1)$로 놓으면

$$f(x_k)=\left(1+\frac{2k}{n}\right)\times\frac{2k}{n} = \frac{4k^2+2nk}{n^2}$$

이므로

$$\int_{1}^{3}x(x-1)\,dx$$
$$= \lim_{n\to\infty}\sum_{k=1}^{n}f(x_k)\Delta x$$

$$=\lim_{n\to\infty}\sum_{k=1}^{n}\frac{4k^2+2nk}{n^2}\times\frac{2}{n}$$

$$=\lim_{n\to\infty}\sum_{k=1}^{n}\frac{8k^2+4nk}{n^3}$$

$$=\lim_{n\to\infty}\left(\frac{8}{n^3}\sum_{k=1}^{n}k^2+\frac{4}{n^2}\sum_{k=1}^{n}k\right)$$

$$=\lim_{n\to\infty}\left\{\frac{8}{n^3}\times\frac{n(n+1)(2n+1)}{6}+\frac{4}{n^2}\times\frac{n(n+1)}{2}\right\}$$

$$=\frac{8}{3}+2=\frac{14}{3}$$

답 (1) $-\dfrac{1}{4}$ (2) $\dfrac{14}{3}$

2 (1) $y=\ln x$에서 $x=e^y$이므로
구하는 도형의 넓이는

$$\int_{-1}^{1}e^y\,dy=\left[e^y\right]_{-1}^{1}$$

$$=e-\frac{1}{e}$$

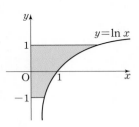

(2) 두 곡선 $y=\sqrt{x}$, $y=x^3$의 교점의 x좌표는
$\sqrt{x}=x^3$에서 $x=x^6$,
$x(x^5-1)=0$
이므로
$x=0$ 또는 $x=1$
$0\le x\le1$일 때
$\sqrt{x}\ge x^3$이므로 구하
는 도형의 넓이는

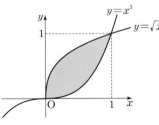

$$\int_{0}^{1}|\sqrt{x}-x^3|\,dx$$

$$=\int_{0}^{1}(\sqrt{x}-x^3)dx=\int_{0}^{1}(x^{\frac{1}{2}}-x^3)dx$$

$$=\left[\frac{2}{3}x^{\frac{3}{2}}-\frac{1}{4}x^4\right]_{0}^{1}=\frac{2}{3}-\frac{1}{4}=\frac{5}{12}$$

답 (1) $e-\dfrac{1}{e}$ (2) $\dfrac{5}{12}$

3 시각 $t=1$에서 $t=4$까지 점 P의 위치의 변화량은

$$\int_{1}^{4}v(t)dt=\int_{1}^{4}(2t-4)e^{t^2-4t+1}dt$$

$t^2-4t+1=u$로 놓으면

$$\frac{du}{dt}=2t-4$$이고

$t=1$일 때 $u=-2$, $t=4$일 때 $u=1$이므로

$$\int_{1}^{4}(2t-4)e^{t^2-4t+1}dt=\int_{-2}^{1}e^u\,du=\left[e^u\right]_{-2}^{1}=e-\frac{1}{e^2}$$

답 $e-\dfrac{1}{e^2}$

4 $x=t^3$, $y=t^2$에서

$$\frac{dx}{dt}=3t^2,\ \frac{dy}{dt}=2t$$이므로 구하는 곡선의 길이는

$$\int_{0}^{\frac{1}{3}}\sqrt{\left(\frac{dx}{dt}\right)^2+\left(\frac{dy}{dt}\right)^2}\,dt=\int_{0}^{\frac{1}{3}}\sqrt{(3t^2)^2+(2t)^2}\,dt$$

$$=\int_{0}^{\frac{1}{3}}\sqrt{9t^4+4t^2}\,dt$$

$$=\int_{0}^{\frac{1}{3}}t\sqrt{9t^2+4}\,dt$$

$9t^2+4=u$로 놓으면 $\dfrac{du}{dt}=18t$이고

$t=0$일 때 $u=4$, $t=\dfrac{1}{3}$일 때 $u=5$이므로

$$\int_{0}^{\frac{1}{3}}t\sqrt{9t^2+4}\,dt=\int_{4}^{5}\frac{1}{18}\sqrt{u}\,du$$

$$=\frac{1}{18}\int_{4}^{5}u^{\frac{1}{2}}\,du=\frac{1}{18}\left[\frac{2}{3}u^{\frac{3}{2}}\right]_{4}^{5}$$

$$=\frac{1}{18}\left(\frac{10}{3}\sqrt{5}-\frac{16}{3}\right)$$

$$=\frac{5}{27}\sqrt{5}-\frac{8}{27}$$

따라서 $p=\dfrac{5}{27}$, $q=-\dfrac{8}{27}$이므로

$$p+q=\frac{5}{27}-\frac{8}{27}=-\frac{3}{27}=-\frac{1}{9}$$

답 $-\dfrac{1}{9}$

기본 핵심 문제 본문 67쪽

1 ②   **2** ③   **3** ⑤   **4** ②   **5** ①

1
구간을 $[2, 3]$으로 놓으면

$$\frac{1}{n}=\frac{3-2}{n}=\varDelta x,\ 2+\frac{k}{n}=2+k\varDelta x=x_k,\ f(x_k)=f\left(2+\frac{k}{n}\right)$$
이므로

$$\lim_{n\to\infty}\sum_{k=1}^{n}f\left(2+\frac{k}{n}\right)\frac{1}{n}=\lim_{n\to\infty}\sum_{k=1}^{n}f(x_k)\varDelta x$$

$$=\int_{2}^{3}f(x)dx=\int_{2}^{3}(3^x+3x^2)dx$$

$$=\left[\frac{3^x}{\ln 3}+x^3\right]_{2}^{3}$$

$$=\left(\frac{27}{\ln 3}+27\right)-\left(\frac{9}{\ln 3}+8\right)$$

$$=\frac{18}{\ln 3}+19$$

따라서 $p=18$, $q=19$이므로 $p-q=-1$

답 ②

2

곡선 $y=\tan\dfrac{\pi}{3}x\left(0\leq x<\dfrac{3}{2}\right)$와

선분 OA로 둘러싸인 도형의 넓이는
오른쪽 그림의 삼각형 OAB의 넓이

에서 곡선 $y=\tan\dfrac{\pi}{3}x\left(0\leq x<\dfrac{3}{2}\right)$

와 x축 및 직선 $x=1$로 둘러싸인
도형의 넓이를 뺀 것과 같으므로

$\dfrac{1}{2}\times1\times\sqrt{3}-\displaystyle\int_0^1\tan\dfrac{\pi}{3}x\,dx$

$=\dfrac{\sqrt{3}}{2}-\displaystyle\int_0^1\tan\dfrac{\pi}{3}x\,dx$ ...... ㉠

$\displaystyle\int_0^1\tan\dfrac{\pi}{3}x\,dx$에서

$\dfrac{\pi}{3}x=t$, 즉 $x=\dfrac{3}{\pi}t$로 놓으면

$\dfrac{dx}{dt}=\dfrac{3}{\pi}$이고, $x=0$일 때 $t=0$, $x=1$일 때 $t=\dfrac{\pi}{3}$이므로

$\displaystyle\int_0^1\tan\dfrac{\pi}{3}x\,dx=\int_0^{\frac{\pi}{3}}\tan t\times\dfrac{3}{\pi}\,dt$

$=\dfrac{3}{\pi}\displaystyle\int_0^{\frac{\pi}{3}}\dfrac{\sin t}{\cos t}\,dt$

$=-\dfrac{3}{\pi}\displaystyle\int_0^{\frac{\pi}{3}}\dfrac{(\cos t)'}{\cos t}\,dt$

$=-\dfrac{3}{\pi}\Big[\ln|\cos t|\Big]_0^{\frac{\pi}{3}}=\dfrac{3}{\pi}\ln 2$

㉠에서 $\dfrac{\sqrt{3}}{2}-\displaystyle\int_0^1\tan\dfrac{\pi}{3}x\,dx=\dfrac{\sqrt{3}}{2}-\dfrac{3}{\pi}\ln 2$

따라서 $p=\dfrac{1}{2}$, $q=-3$이므로 $pq=-\dfrac{3}{2}$

답 ③

3

구하는 도형의 넓이는 곡선
$y=\sqrt{2x}$와 x축 및 직선 $x=2$로
둘러싸인 도형의 넓이에서 오
른쪽 그림의 삼각형 ABC의 넓
이를 뺀 것과 같다.

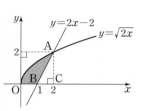

따라서 구하는 도형의 넓이는

$\displaystyle\int_0^2\sqrt{2x}\,dx-\dfrac{1}{2}\times1\times2=\int_0^2\sqrt{2x}\,dx-1$

$=\sqrt{2}\displaystyle\int_0^2\sqrt{x}\,dx-1$

$=\sqrt{2}\displaystyle\int_0^2 x^{\frac{1}{2}}\,dx-1$

$=\sqrt{2}\Big[\dfrac{2}{3}x^{\frac{3}{2}}\Big]_0^2-1$

$=\sqrt{2}\times\dfrac{4}{3}\sqrt{2}-1=\dfrac{8}{3}-1=\dfrac{5}{3}$

답 ⑤

4

점 P의 시각 t에서의 위치를 $(x,\ y)$라 하자.
점 P의 시각 t에서의 속도가 $(te^t,\ \sqrt{2t+1}e^t)$이므로

$\dfrac{dx}{dt}=te^t$, $\dfrac{dy}{dt}=\sqrt{2t+1}e^t$

따라서 시각 $t=1$에서 $t=2$까지 점 P가 움직인 거리는

$\displaystyle\int_1^2\sqrt{\left(\dfrac{dx}{dt}\right)^2+\left(\dfrac{dy}{dt}\right)^2}\,dt$

$=\displaystyle\int_1^2\sqrt{(te^t)^2+(\sqrt{2t+1}e^t)^2}\,dt$

$=\displaystyle\int_1^2\sqrt{(t^2+2t+1)e^{2t}}\,dt=\int_1^2(t+1)e^t\,dt$

$f(t)=t+1$, $g'(t)=e^t$으로 놓으면 $f'(t)=1$, $g(t)=e^t$이므로

$\displaystyle\int_1^2(t+1)e^t\,dt=\Big[(t+1)e^t\Big]_1^2-\int_1^2 e^t\,dt$

$=3e^2-2e-\Big[e^t\Big]_1^2$

$=3e^2-2e-(e^2-e)=2e^2-e$

답 ②

5

$f(x)=\dfrac{2}{3}(2x+1)^{\frac{3}{2}}$으로 놓으면

$f'(x)=2(2x+1)^{\frac{1}{2}}$

이므로 구하는 곡선의 길이는

$\displaystyle\int_{\frac{1}{2}}^{\frac{11}{8}}\sqrt{1+\{f'(x)\}^2}\,dx=\int_{\frac{1}{2}}^{\frac{11}{8}}\sqrt{1+4(2x+1)}\,dx$

$=\displaystyle\int_{\frac{1}{2}}^{\frac{11}{8}}\sqrt{8x+5}\,dx$

$8x+5=t$, 즉 $x=\dfrac{1}{8}t-\dfrac{5}{8}$로 놓으면

$\dfrac{dx}{dt}=\dfrac{1}{8}$이고, $x=\dfrac{1}{2}$일 때 $t=9$, $x=\dfrac{11}{8}$일 때 $t=16$이므로

$\displaystyle\int_{\frac{1}{2}}^{\frac{11}{8}}\sqrt{8x+5}\,dx=\int_9^{16}\sqrt{t}\times\dfrac{1}{8}\,dt$

$=\dfrac{1}{8}\displaystyle\int_9^{16}\sqrt{t}\,dt=\dfrac{1}{8}\int_9^{16}t^{\frac{1}{2}}\,dt$

$=\dfrac{1}{8}\Big[\dfrac{2}{3}t^{\frac{3}{2}}\Big]_9^{16}=\dfrac{37}{12}$

답 ①

1 ②	**2** ③	**3** ②	**4** ④
5 ③	**6** ①	**7** ①	**8** ③
9 ①	**10** ④	**11** ②	**12** ③
13 ④	**14** ⑤	**15** $18\sqrt{3}$	**16** $\dfrac{5}{8}$

1

$f'(x)=\dfrac{x+1}{\sqrt{x}}$ 에서

$f(x)=\displaystyle\int \dfrac{x+1}{\sqrt{x}}dx=\int \left(\sqrt{x}+\dfrac{1}{\sqrt{x}}\right)dx$

$\quad =\displaystyle\int \left(x^{\frac{1}{2}}+x^{-\frac{1}{2}}\right)dx$

$\quad =\dfrac{2}{3}x^{\frac{3}{2}}+2x^{\frac{1}{2}}+C$

$\quad =\dfrac{2}{3}x\sqrt{x}+2\sqrt{x}+C$ (단, C는 적분상수)

$f(1)=\dfrac{2}{3}$ 에서 $\dfrac{2}{3}+2+C=\dfrac{2}{3}$, $C=-2$

즉, $f(x)=\dfrac{2}{3}x\sqrt{x}+2\sqrt{x}-2$ 이므로

$f(9)=\dfrac{2}{3}\times 9\sqrt{9}+2\sqrt{9}-2=22$

답 ②

2

$f'(x)=2^{2x+1}$ 에서

$f(x)=\displaystyle\int 2^{2x+1}dx=2\int 4^x dx$

$\quad =2\times \dfrac{4^x}{\ln 4}+C=\dfrac{4^x}{\ln 2}+C$ (단, C는 적분상수)

곡선 $y=f(x)$가 원점을 지나므로

$f(0)=0$ 에서 $\dfrac{1}{\ln 2}+C=0$, $C=-\dfrac{1}{\ln 2}$

즉, $f(x)=\dfrac{4^x}{\ln 2}-\dfrac{1}{\ln 2}$ 이므로

$f(1)=\dfrac{4}{\ln 2}-\dfrac{1}{\ln 2}=\dfrac{3}{\ln 2}$

답 ③

3

조건 (나)에서 $f'(x)-g'(x)=\sin x$ 이므로

$f(x)-g(x)=\displaystyle\int \{f'(x)-g'(x)\}dx$

$\quad =\displaystyle\int \sin x dx=-\cos x+C$ (단, C는 적분상수)

$f(0)=2$, $g(0)=-1$ 에서

$f(0)-g(0)=3$ 이므로 $-\cos 0+C=3$, $C=4$

즉, $f(x)-g(x)=-\cos x+4$

조건 (가)에서 $f(x)+g(x)=\sin x+\cos x$ 이므로

$\{f(x)-g(x)\}+\{f(x)+g(x)\}=\sin x+4$

$2f(x)=\sin x+4$

$f(x)=\dfrac{1}{2}\sin x+2$

$g(x)=\dfrac{1}{2}\sin x+\cos x-2$

따라서 $f(2\pi)+g(\pi)=2-3=-1$

답 ②

4

$x^2+3=t$ 로 놓으면 $\dfrac{dt}{dx}=2x$ 이므로

$f(x)=\displaystyle\int 4x\sin(x^2+3)dx$

$\quad =\displaystyle\int 2\sin t\,dt=-2\cos t+C$

$\quad =-2\cos(x^2+3)+C$ (단, C는 적분상수)

$-1\leq \cos(x^2+3)\leq 1$ 이므로

$f(x)=-2\cos(x^2+3)+C$의 최댓값은 $2+C$, 최솟값은 $-2+C$

따라서 $M=2+C$, $m=-2+C$ 이므로

$M-m=(2+C)-(-2+C)=4$

답 ④

5

$f'(x)=\dfrac{2x-1}{x^2-x+1}$ 에서

$f(x)=\displaystyle\int \dfrac{2x-1}{x^2-x+1}dx=\int \dfrac{(x^2-x+1)'}{x^2-x+1}dx$

$\quad =\ln|x^2-x+1|+C$ (단, C는 적분상수)

$f(-1)=2\ln 3$ 에서 $\ln 3+C=2\ln 3$

$C=\ln 3$

따라서 $f(x)=\ln|x^2-x+1|+\ln 3$ 이므로

$f(1)=\ln 3$

답 ③

6

$\sqrt{x-2}=t$, 즉 $x=t^2+2$ $(t>0)$ 로 놓으면 $\dfrac{dx}{dt}=2t$ 이므로

$f(x)=\displaystyle\int (5x-7)\sqrt{x-2}\,dx$

$\quad =\displaystyle\int (5t^2+3)t\times 2t\,dt$

$$=2\int (5t^4+3t^2)dt$$

$$=2t^5+2t^3+C=2t^3(t^2+1)+C$$

$$=2(x-1)(x-2)\sqrt{x-2}+C \text{ (단, }C\text{는 적분상수)}$$

$f(3)=5$에서 $4+C=5$, $C=1$

따라서 $f(x)=2(x-1)(x-2)\sqrt{x-2}+1$이므로

$$f(6)=2\times 5\times 4\sqrt{4}+1=81$$

답 ①

7

$F(x)=xf(x)-x^2\sin x$에서 양변을 미분하면

$$f(x)=f(x)+xf'(x)-2x\sin x-x^2\cos x$$

$$xf'(x)=2x\sin x+x^2\cos x$$

$x>0$이므로 $f'(x)=2\sin x+x\cos x$

따라서

$$f(x)=\int (2\sin x+x\cos x)dx$$

$$=-2\cos x+\int x\cos x\,dx \qquad \cdots\cdots \text{㉠}$$

이때 $\int x\cos x\,dx$에서 $g(x)=x$, $h'(x)=\cos x$로 놓으면

$g'(x)=1$, $h(x)=\sin x$이므로 부분적분법에 의하여

$$\int x\cos x\,dx=x\sin x-\int \sin x\,dx$$

$$=x\sin x+\cos x+C \text{ (단, }C\text{는 적분상수)}$$

따라서 ㉠에서

$$f(x)=-2\cos x+x\sin x+\cos x+C$$

$$=x\sin x-\cos x+C$$

$f(\pi)=0$에서 $\pi\sin\pi-\cos\pi+C=0$

$1+C=0$, $C=-1$

즉, $f(x)=x\sin x-\cos x-1$이므로

$$f(2\pi)=2\pi\sin 2\pi-\cos 2\pi-1=-2$$

답 ①

8

$$xf(x)=3x+\int_1^x f(t)dt \qquad \cdots\cdots \text{㉠}$$

양변을 미분하면

$$f(x)+xf'(x)=3+f(x), \quad xf'(x)=3$$

$x>0$이므로 $f'(x)=\dfrac{3}{x}$

따라서

$$f(x)=\int \dfrac{3}{x}dx=3\ln|x|+C$$

$$=3\ln x+C \text{ (단, }C\text{는 적분상수)}$$

㉠에 $x=1$을 대입하면 $f(1)=3$이므로

$C=3$

즉, $f(x)=3\ln x+3$이므로

$$f(e)=3\ln e+3=3+3=6$$

답 ③

9

$f(x)=e^x+\displaystyle\int_{-1}^1 f(x)dx$에서 $\displaystyle\int_{-1}^1 f(x)dx=a$로 놓으면

$$f(x)=e^x+a$$

$$a=\int_{-1}^1 f(x)dx=\int_{-1}^1 (e^x+a)dx$$

$$=\Big[e^x+ax\Big]_{-1}^1=(e+a)-\Big(\dfrac{1}{e}-a\Big)=e-\dfrac{1}{e}+2a$$

즉, $a=\dfrac{1}{e}-e$이므로 $f(x)=e^x+\dfrac{1}{e}-e$

따라서 $f(1)=e+\dfrac{1}{e}-e=\dfrac{1}{e}$

답 ①

10

$\ln x+2=t$로 놓으면 $\dfrac{dt}{dx}=\dfrac{1}{x}$이고

$x=\dfrac{1}{e}$일 때 $t=1$, $x=1$일 때 $t=2$이므로

$$\int_{\frac{1}{e}}^1 \dfrac{1}{x(\ln x+2)^2}dx=\int_1^2 \dfrac{1}{t^2}dt$$

$$=\Big[-\dfrac{1}{t}\Big]_1^2=-\dfrac{1}{2}+1=\dfrac{1}{2}$$

답 ④

11

$f(x)=e^x$, $g'(x)=\cos x$로 놓으면

$f'(x)=e^x$, $g(x)=\sin x$이므로 부분적분법에 의하여

$$\int_0^\pi e^x\cos x\,dx=\Big[e^x\sin x\Big]_0^\pi-\int_0^\pi e^x\sin x\,dx$$

$$=-\int_0^\pi e^x\sin x\,dx \qquad \cdots\cdots \text{㉠}$$

이때 $\displaystyle\int_0^\pi e^x\sin x\,dx$에서 부분적분법을 한 번 더 적용하면

$$\int_0^\pi e^x\sin x\,dx=\Big[-e^x\cos x\Big]_0^\pi+\int_0^\pi e^x\cos x\,dx$$

$$=e^\pi+1+\int_0^\pi e^x\cos x\,dx$$

㉠에서

$$\int_0^\pi e^x\cos x\,dx=-\Big(e^\pi+1+\int_0^\pi e^x\cos x\,dx\Big)$$

즉, $\displaystyle\int_0^\pi e^x\cos x\,dx=-\dfrac{e^\pi}{2}-\dfrac{1}{2}$

따라서 $p=-\dfrac{1}{2}$, $q=-\dfrac{1}{2}$이므로 $p+q=-1$

답 ②

12

$$\lim_{n\to\infty}\frac{1}{n^3}\{(4n^2+1^2)+(4n^2+2^2)+\cdots+(4n^2+n^2)\}$$

$$=\lim_{n\to\infty}\frac{1}{n^3}\sum_{k=1}^{n}(4n^2+k^2)=\lim_{n\to\infty}\frac{1}{n}\sum_{k=1}^{n}\left\{4+\left(\frac{k}{n}\right)^2\right\}$$

이때 $f(x)=4+x^2$, 구간을 $[0,\ 1]$로 놓으면

$$\frac{1}{n}=\frac{1-0}{n}=\varDelta x,\ \frac{k}{n}=0+k\varDelta x=x_k,\ f(x_k)=4+\left(\frac{k}{n}\right)^2$$

이므로

$$\lim_{n\to\infty}\frac{1}{n}\sum_{k=1}^{n}\left\{4+\left(\frac{k}{n}\right)^2\right\}=\lim_{n\to\infty}\sum_{k=1}^{n}f(x_k)\varDelta x$$

$$=\int_0^1(4+x^2)dx$$

$$=\left[4x+\frac{1}{3}x^3\right]_0^1=\frac{13}{3}$$

답 ③

13

구하는 도형의 넓이를 S라 하면

$$S=\frac{\pi}{2}\times1-\frac{\pi}{6}\times\frac{1}{2}-\int_{\frac{\pi}{6}}^{\frac{\pi}{2}}\sin x\,dx$$

$$=\frac{\pi}{2}-\frac{\pi}{12}-\left[-\cos x\right]_{\frac{\pi}{6}}^{\frac{\pi}{2}}$$

$$=\frac{5\pi}{12}-\frac{\sqrt{3}}{2}$$

답 ④

14

$\dfrac{dx}{dt}=\dfrac{1}{t}$, $\dfrac{dy}{dt}=\dfrac{1}{2}\left(1-\dfrac{1}{t^2}\right)$이므로

구하는 곡선의 길이는

$$\int_{\frac{1}{e}}^{e}\sqrt{\left(\frac{dx}{dt}\right)^2+\left(\frac{dy}{dt}\right)^2}dt=\int_{\frac{1}{e}}^{e}\sqrt{\left(\frac{1}{t}\right)^2+\frac{1}{4}\left(1-\frac{1}{t^2}\right)^2}dt$$

$$=\int_{\frac{1}{e}}^{e}\sqrt{\frac{1}{4}\left(\frac{1}{t^2}+1\right)^2}dt$$

$$=\int_{\frac{1}{e}}^{e}\frac{1}{2}\left(\frac{1}{t^2}+1\right)dt$$

$$=\frac{1}{2}\left[-\frac{1}{t}+t\right]_{\frac{1}{e}}^{e}$$

$$=\frac{1}{2}\left\{\left(-\frac{1}{e}+e\right)-\left(-e+\frac{1}{e}\right)\right\}$$

$$=e-\frac{1}{e}=\frac{e^2-1}{e}$$

답 ⑤

15

원기둥을 자른 평면과 원기둥의 밑면이 만나서 생기는 선분의 끝점을 각각 A, B라 하면, 이 선분은 밑면의 중심을 지나므로 밑면의 지름이다.

밑면의 중심이 원점에 위치하도록 선분 AB를 x축 위에 놓으면 오른쪽 그림과 같다.

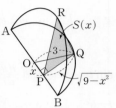

선분 AB 위의 점 P의 위치를 x라 할 때, 점 P를 지나고 선분 AB에 수직인 평면으로 이 입체도형을 잘랐을 때 생기는 단면은 오른쪽 그림의 직각삼각형 PQR이다.

$\overline{OQ}=3$이므로 직각삼각형 OPQ에서 $\overline{PQ}=\sqrt{9-x^2}$

❶

직각삼각형 PQR에서 $\overline{QR}=\overline{PQ}\tan60°=\sqrt{3}\sqrt{9-x^2}$

삼각형 PQR의 넓이를 $S(x)$라 하면

$$S(x)=\frac{1}{2}\times\sqrt{9-x^2}\times\sqrt{3}\sqrt{9-x^2}=\frac{\sqrt{3}}{2}(9-x^2)$$

❷

따라서 구하는 입체도형의 부피 V는

$$V=\int_{-3}^{3}S(x)dx=\frac{\sqrt{3}}{2}\int_{-3}^{3}(9-x^2)dx=\sqrt{3}\int_{0}^{3}(9-x^2)dx$$

$$=\sqrt{3}\left[9x-\frac{1}{3}x^3\right]_0^3=18\sqrt{3}$$

❸

답 $18\sqrt{3}$

단계	채점기준	비율
❶	선분 PQ의 길이를 식으로 나타낸 경우	30%
❷	입체도형의 단면의 넓이를 식으로 나타낸 경우	30%
❸	입체도형의 부피를 구한 경우	40%

16

$t=0$에서 $t=\dfrac{2\pi}{3}$까지 점 P가 움직인 거리를 s라 하면

$$s=\int_0^{\frac{2\pi}{3}}|v(t)|dt=\int_0^{\frac{2\pi}{3}}|\sin t\cos t|dt$$

❶

$0\leq t\leq\dfrac{\pi}{2}$일 때 $\sin t\cos t\geq0$,

$\dfrac{\pi}{2}\leq t\leq\dfrac{2\pi}{3}$일 때 $\sin t\cos t\leq0$이므로

$$s = \int_0^{\frac{2\pi}{3}} |\sin t \cos t| \, dt$$
$$= \int_0^{\frac{\pi}{2}} |\sin t \cos t| \, dt + \int_{\frac{\pi}{2}}^{\frac{2\pi}{3}} |\sin t \cos t| \, dt$$
$$= \int_0^{\frac{\pi}{2}} \sin t \cos t \, dt + \int_{\frac{\pi}{2}}^{\frac{2\pi}{3}} (-\sin t \cos t) \, dt$$

즉, $s = \int_0^{\frac{\pi}{2}} \sin t \cos t \, dt - \int_{\frac{\pi}{2}}^{\frac{2\pi}{3}} \sin t \cos t \, dt$ ...... ㉠

❷

$\sin t = u$로 놓으면 $\dfrac{du}{dt} = \cos t$이고

$t = 0$일 때 $u = 0$, $t = \dfrac{\pi}{2}$일 때 $u = 1$

$t = \dfrac{2\pi}{3}$일 때 $u = \dfrac{\sqrt{3}}{2}$이므로

㉠에서

$$s = \int_0^{\frac{\pi}{2}} \sin t \cos t \, dt - \int_{\frac{\pi}{2}}^{\frac{2\pi}{3}} \sin t \cos t \, dt$$
$$= \int_0^1 u \, du - \int_1^{\frac{\sqrt{3}}{2}} u \, du = \left[\frac{1}{2} u^2 \right]_0^1 - \left[\frac{1}{2} u^2 \right]_1^{\frac{\sqrt{3}}{2}}$$
$$= \frac{1}{2} - \left(\frac{3}{8} - \frac{1}{2} \right) = \frac{5}{8}$$

❸

답 $\dfrac{5}{8}$

단계	채점기준	비율
❶	점 P가 움직인 거리를 정적분으로 나타낸 경우	20%
❷	$0 \le t \le \dfrac{\pi}{2}$, $\dfrac{\pi}{2} \le t \le \dfrac{2\pi}{3}$로 나누어 정적분을 나타낸 경우	20%
❸	점 P가 움직인 거리를 구한 경우	60%

수능 맛보기

본문 71쪽

1

$f(x) = \int (1 - \sin x)^2 \cos x \, dx$에서

$1 - \sin x = t$로 놓으면 $\dfrac{dt}{dx} = -\cos x$이므로

$$f(x) = \int (-t^2) dt = -\frac{1}{3} t^3 + C$$
$$= -\frac{1}{3} (1 - \sin x)^3 + C \ (단, C는 적분상수)$$

$f\left(\dfrac{\pi}{2} \right) = 1$이므로 $0 + C = 1$에서 $C = 1$

즉, $f(x) = -\dfrac{1}{3} (1 - \sin x)^3 + 1$

방정식 $f(\theta) = \dfrac{2}{3}$에서

$-\dfrac{1}{3} (1 - \sin \theta)^3 + 1 = \dfrac{2}{3}$

$(1 - \sin \theta)^3 = 1$, $\sin \theta = 0$

$-\pi < \theta < \pi$이므로 구하는 θ의 값은 0

답 ③

2

$f(x) = \int_0^x \dfrac{1}{e^t + 1} dt$에서 $f'(x) = \dfrac{1}{e^x + 1}$

$\int_0^a \dfrac{\ln \{ f(x) + 1 \}}{e^x + 1} dx$에서 $f(x) + 1 = t$로 놓으면

$\dfrac{dt}{dx} = f'(x) = \dfrac{1}{e^x + 1}$

$f(0) = \int_0^0 \dfrac{1}{e^t + 1} dt = 0$이므로 $x = 0$일 때 $t = 1$

$f(a) = 2$이므로 $x = a$일 때 $t = 3$

따라서

$\int_0^a \dfrac{\ln \{ f(x) + 1 \}}{e^x + 1} dx = \int_1^3 \ln t \, dt$

$g(t) = \ln t$, $h'(t) = 1$로 놓으면

$g'(t) = \dfrac{1}{t}$, $h(t) = t$이므로 부분적분법에 의하여

$$\int_0^a \frac{\ln \{ f(x) + 1 \}}{e^x + 1} dx = \int_1^3 \ln t \, dt$$
$$= \left[t \ln t \right]_1^3 - \int_1^3 1 \, dt$$
$$= 3 \ln 3 - \left[t \right]_1^3 = 3 \ln 3 - 2$$

답 ①

첫술에도 배부르게 하는 국어 개념 공부의 첫걸음

윤혜정 선생님 직접 집필, 강의

윤혜정의 나비효과 입문편

비 3권 문학   소 2권 설 문학   시 1권 문학

국어 공부를 시작하는
학생들에게 방향을 잡아주는
국어 입문 교재

윤혜정 선생님의 베스트셀러,
"개념의 나비효과" &
"패턴의 나비효과"의 입문편
개념과 패턴을 중심으로 한 체계적인
정리를 통해 국어 공부의 밑바탕이 되는
기본 지식 UP↑

EBS 대표 강사 윤혜정 선생님의
입담이 생생하게 살아있는 교재

중요한 부분은 더 자세하게~
어려운 부분은 더 쉽게~
음성지원 되는 듯한 선생님의
친절한 설명이 가득 윤혜정 선생님이
직접 집필하여 강의와 함께하면 **시너지 UP↑**

시 문학, 소설 문학, 비문학(독서)이
영역별로 15강씩!
3책 분권으로 더 가볍고 부담 없이!

STEP 1 개념 설명 ▷ **STEP 2** 개념 QUIZ ▷ **STEP 3** 기출문제

영역별로 확실히 알아야 할 내용들을 15강으로 정리, 국어 공부에 필요한 알짜 지식들을 모두 습득
· 다양한 예문과 문항들, 기출문제를 통해 지문 독해에서 실전 수능까지 유기적으로 연결 OK!

단숨에 마무리!

OFF

단기 특강 미적분

정답과 풀이

수능 국어 어휘

최근 7개년 수능, 평가원 6월·9월 모의평가 국어 영역
빈출 어휘, 개념어, 관용 표현, 필수 배경지식 등 선정 수록

어휘가 바로 독해의 열쇠!
수능 국어 성적을 판가름하는 비문학(독서) 고난도 지문도
이 책으로 한 방에 해결!!!

배경지식, 관용 표현과 어휘를 설명하면서
삽화와 사진을 적절히 활용하여
쉽고 재미있게 읽을 수 있는 구성

고1 , 2 예비 수험생이
어휘&독해 기본기를 다지면서
수능 국어에 빠르게 적응하는 29강 단기 완성!